DESCUBRE TU PROPÓSITO

ACTUALIZA TU VIDA

DESCUBRE TU PROPÓSITO

ACTUALIZA TU VIDA

TIAGO BRUNET

A menos que se indique lo contrario, las citas de la Escritura son tomadas de *La Biblia de las Américas*®, LBLA®, © 1986, 1995, 1997 por The Lockman Foundation. Usadas con permiso. Todos los derechos reservados. (www.LBLA.org). Las citas de la Escritura marcadas (RVR 1960) son tomadas de la versión *Santa Biblia, Reina-Valera 1960* (RVR), © 1960 Sociedades Bíblicas en América Latina; © renovado 1988 Sociedades Bíblicas Unidas. Usadas con permiso. Todos los derechos reservados. Las citas de la Escritura marcadas (NTV) son tomadas de la *Santa Biblia, Nueva Traducción Viviente*, © 2008, 2009 Tyndale House Foundation. Usadas con permiso de Tyndale House Publishers, Inc., Wheaton, Illinois 60189. Todos los derechos reservados. Las citas de la Escritura marcadas (DHH) son tomadas de *La Biblia Dios Habla Hoy* (Spanish) 1991 American Bible Society. Usadas con permiso. Todos los derechos reservados. Las citas de la Escritura marcadas (NBLH) son tomadas de la *Nueva Biblia Latinoamericana de Hoy* 2012 B&H Español. Usadas con permiso. Todos los derechos reservados. Las citas de la Escritura marcadas RVC son tomadas de *Reina Valera Contemporánea*® © Sociedades Bíblicas Unidas, 2009, 2011. Usadas con permiso. Todos los derechos reservados. Las citas de la Escritura marcadas (RVR 1995) son tomadas de *La Santa Biblia*, versión Reina Valera 95® © Sociedades Bíblicas Unidas, 1995. Usadas con permiso. Todos los derechos reservados.

Negritas y cursivas en el texto son énfasis del autor.

Editado por: Ofelia Pérez

Descubre tu propósito
Actualiza tu vida
ISBN: 978-1-64123-208-1
eBook ISBN: 978-1-64123-207-4
Impreso en los Estados Unidos de América
© 2018 por Tiago Brunet

Whitaker House
1030 Hunt Valley Circle
New Kensington, PA 15068
www.whitakerhouseespanol.com

Por favor, envíe sugerencias sobre este libro a: comentarios@whitakerhouse.com.
Ninguna parte de esta publicación podrá ser reproducida o transmitida de ninguna forma o por algún medio electrónico o mecánico; incluyendo fotocopia, grabación o por cualquier sistema de almacenamiento y recuperación sin el permiso previo por escrito de la editorial. En caso de tener alguna pregunta, por favor escríbanos a permissionseditor@whitakerhouse.com.

2 3 4 5 6 7 8 9 10 11 ⊌ 23 22 21 20 19 18

CONTENIDO

Prólogo por Cash Luna	7
Introducción	11
Capítulo 1: ¿Quién eres tú?	13
Capítulo 2: El poder de tener un mentor	37
Capítulo 3: El Código de la Sabiduría	55
Capítulo 4: El arte de la comunicación	75
Capítulo 5: El mercadeo de Jesús	89
Capítulo 6: Gestión del tiempo	103
Capítulo 7: Comportamiento	113
Capítulo 8: Herramientas para una Vida Actualizada	135
Capítulo 9: Excelencia emocional	151
Capítulo 10: Riqueza Inteligente	175
Capítulo 11: Equipos Actualizados	193
Capítulo 12: ¿Qué es lo que realmente quiero?	205
Conclusión	219
Referencias Bibliográficas	223

PRÓLOGO
PLUG IN

Conéctate, actualízate para que tu liderazgo sea impactante

¡Gracias, Tiago, por estas valiosas ideas que nos ayudarán a desarrollar nuestro liderazgo! Efectivamente tal como dices, es vital actualizarnos, hacer *un upgrade* constante para enfocarnos y crecer en todas las áreas, siendo líderes que buscamos impactar positivamente a quienes nos rodean.

Es más, como yo lo veo, un *upgrade* necesita un *plug in*; debemos mantenernos conectados en todo sentido con Dios y con los demás, siempre alertas, dando nuestro máximo potencial para que realmente seamos como la luz de la aurora que va en aumento.[1] Ese es nuestro propósito. Estamos hechos para avanzar, para crecer y ascender a nuevas alturas. Nuestra naturaleza es de crecimiento, lo que implica esfuerzo y trabajo duro. ¿Qué debemos hacer para lograrlo? Una de las primeras sugerencias de Tiago, con la que estoy totalmente de acuerdo, es que busquemos mentoría, alguien que nos oriente y a quien rendir cuentas. Justamente es lo que he hecho, y Dios ha puesto en mi camino personas que me han enseñado elementos determinantes para desarrollar liderazgo.

Lo primero que me enseñaron es a buscar la excelencia, y tener mentalidad de ganador. El apóstol Pablo nos habla sobre esto al aconsejarnos que corramos de tal manera que ganemos el premio.[2] En el colegio y en

---
1. Proverbios 4:18 (RVR 1960) dice: *Mas la senda de los justos es como la luz de la aurora, Que va en aumento hasta que el día es perfecto.*
2. 1 Corintios 9:24 (RVR 1960) comparte: *¿No sabéis que los que corren en el estadio, todos a la verdad corren, pero uno solo se lleva el premio? Corred de tal manera que lo obtengáis.*

la universidad todos estudian, pero solo uno se lleva el primer lugar, y recibe honores. Esa debe ser tu meta: ser el mejor, llevarte el galardón. No te conformes con ser un participante más. La falsa humildad no se vale. Debes pelear, luchar y competir por sentir el orgullo de ganar. Todo lo que hagas debe ser excelente. Enfócate en ser el mejor. Participar en una competencia es satisfactorio, pero ganar es lograr la verdadera realización. Jesús no vino al mundo solamente a participar de la vida humana y fallar. Él vino a derrotar, a ser vencedor y ¡la muerte quedó bajo Sus pies! Aprende a ser exigente con tus resultados. Para que tu liderazgo vaya en ascenso, debes tener más deseos de ganar, no solo de participar.

Me parece que otro elemento imprescindible para alcanzar un nuevo nivel de liderazgo es pensar en los demás; establecer el objetivo de llegar alto para ayudar a otros. ¿Recuerdas a Nehemías, Ester y Moisés? Los tres ofrecieron su influencia ante los gobernantes para beneficiar a muchos. Pusieron su liderazgo al servicio de quienes lo necesitaban, y son recordados por las proezas que realizaron. Incluso Pablo, el gran líder de la Iglesia, enfrentó la encrucijada de escoger, y decidió lo que era de beneficio para otros.[3] Todos ellos conocían su propósito. Siempre que tengas dos opciones, escoge lo que sea mejor para muchos, no solo para ti. Así lograrás una vida plena, en ascenso, porque estarás formando tu liderazgo sobre los fundamentos correctos: el amor y el servicio a tu prójimo. Ofrece tus dones para el bien de la mayoría; esa actitud de servicio te abrirá puertas de influencia, porque cosecharás el bien que siembres. Tiago nos explica muy bien estos principios en este valioso libro.

Alcanzar una Vida Actualizada también requiere extenderse, ser flexibles, porque nada rígido logra ampliar su dimensión. ¿No te parece? En cambio, quien se extiende llega a la meta, y cumple su propósito.[4] Ser flexible implica la humildad de aceptar que nos falta mucho por crecer y

---

3. Filipenses 1:22-24 (RVR 1960) relata: *Mas si el vivir en la carne resulta para mí en beneficio de la obra, no sé entonces qué escoger. Porque de ambas cosas estoy puesto en estrecho, teniendo deseo de partir y estar con Cristo, lo cual es muchísimo mejor; pero quedar en la carne es más necesario por causa de vosotros.*
4. Filipenses 3:13-14 (RVR 1960) aconseja: *Hermanos, yo mismo no pretendo haberlo ya alcanzado; pero una cosa hago: olvidando ciertamente lo que queda atrás, y extendiéndome a lo que está delante, prosigo a la meta, al premio del supremo llamamiento de Dios en Cristo Jesús.*

aprender. Eso es difícil para los jóvenes que siempre creen tener la razón y saberlo todo. Contrario a las personas mayores que con las enseñanzas de la vida, nos convencemos de que siempre hay algo nuevo que aprender. Si deseamos actualizarnos para perfeccionar nuestro liderazgo, tal como Tiago nos invita a hacerlo, debemos ser flexibles, no en nuestros principios y valores, sino en nuestra capacidad de ver las situaciones desde diversos puntos de vista sin perder la perspectiva del Señor. Quien tiene carácter y seguridad es capaz de extenderse porque ha aprendido sobre flexibilidad.

Otra valiosa característica que he descubierto en aquellos que se esfuerzan por alcanzar un nuevo nivel y ser de influencia es que siempre dan más de lo que se les pide. Jesús vino al mundo para salvar a las ovejas perdidas de Israel, pero gracias a Su deseo por dar más, salvó a los gentiles y nosotros fuimos beneficiados. Su ejemplo me ha enseñado a dar siempre más de lo que me piden. Si actuamos de esa forma, cuando quieran promover a alguien nosotros seremos los primeros candidatos en la mente de quienes han visto nuestra buena disposición. Si te dejan la tarea de estudiar tres capítulos de un libro, estudia cuatro; si tienes un horario de ocho horas, trabaja nueve. Nuestra promoción no está en lo que nos piden hacer, sino en lo extra que ofrecemos. Dios es así, siempre da más hasta que sobreabunde; no solo lo necesario. Como Sus hijos, debemos imitarlo, y hacer más de lo que nos demandan.

Tiago Brunet nos ofrece asertivas ideas para actualizarnos, y alcanzar nuestro propósito. Mantengámonos conectados, actualicémonos para avanzar y desarrollar nuestro potencial. No nos detengamos, ya que estamos diseñados para lograr proezas. Nuestra vida puede ir en ascenso. Podemos ser de influencia positiva para muchas personas porque Dios nos ha dado la habilidad y la oportunidad para lograrlo. A partir de hoy, tienes este libro para descubrir tu propósito, y desarrollar todo tu potencial.

Cash Luna
Pastor, Casa de Dios
Guatemala

INTRODUCCIÓN

Propósito es el principal motivo por el cual hago lo que hago.

Es mi motivador en los días difíciles. A veces estoy de avión en avión, de ciudad en ciudad, y me pongo triste por no estar con mis hijos. Pero cuando recuerdo el PORQUÉ estoy en aquel avión, la tristeza se va.

El propósito es lo que da sentido a la vida.

Siempre pregunto a las personas que están involucradas en algún gran proyecto:

"¿Qué harías hoy si te ganaras 100 millones de dólares?".

Muchos sonríen y disparan: "Uhhh, me compraría una isla desierta, un avión, y desaparecería por tiempos".

O sea, hay personas que están en proyectos importantes, pero no están viviendo su propósito, lo que yo llamo Idea Central Permanente (ICP). Quien está cumpliendo su ICP usaría los 100 millones para potencializar lo que está haciendo, y no para huir a una isla desierta.

Tu propósito define tu identidad.

Y para descubrir tu propósito y cumplirlo, necesitas actualizar tu vida.

Un montón de personas me escriben por las redes sociales: "Tiago, ¿por qué no escribes sobre tal cosa, por qué no predicas sobre el Apocalipsis, por qué esto, por qué aquello?

Quien no sabe quién es, se confunde con las opiniones de terceros.

Muchas propuestas llegan cuando estás viviendo lo que fuiste creado para vivir, pero las propuestas nunca serán más fuertes que tu propósito.

En este libro vas a descubrir tu propósito, y cuando lo descubras, 5 cosas cambiarán en tu vida automáticamente:

- los amigos que tienes
- la forma en la que inviertes el tiempo
- cómo lidias con el dinero
- la fe que posees
- el diseño de tu destino

Si estoy prosperado y feliz hoy es porque vivo en el centro de mi propósito. Yo no negocio mi ICP.

Para mí lo más importante de descubrir tu propósito es arreglar un antiguo problema del ser humano: el sentido de la vida.

Solamente cuando vives tu Idea Central Permanente, tu vida gana sentido.

Una persona con propósito está blindada contra la depresión, el miedo, las críticas, las ofensas y las dudas.

¡Quien tiene propósito ya venció!

Tiago Brunet

CAPÍTULO 1

¿QUIÉN ERES TÚ?

11% actualizado...

"Pensé que seguíamos caminos trazados, pero parece que no los hay. Nuestro recorrido es lo que hace el camino". – C. S. Lewis

Antes de saber todo lo que está por venir, tiene que saber quién es usted. Una Vida Actualizada tiene identidad, propósito y destino.

Recuerdo perfectamente lo que ocurrió en un evento cristiano internacional cuando yo tenía ocho años de edad. Horas antes, cuando me alistaba, mi madre me dijo: "Hoy veremos a un hombre exponer la Palabra de Dios en inglés".

> **UNA VIDA ACTUALIZADA TIENE IDENTIDAD, PROPÓSITO Y DESTINO.**

Vivíamos en las afueras de Río de Janeiro en esos tiempos, y la iglesia estaba muy cerca de nuestra casa. Le pedí a mi padre que llegáramos temprano porque quería sentarme en la primera fila. Hasta hoy no sé explicar, pero estaba ansioso.

Así fue. Cuando llegamos, conseguimos un lugar muy cerca de la plataforma. Fue entonces que entró este hombre negro, alto y de traje. Él era de Trinidad- Tobago, una isla en Centroamérica donde el inglés es el idioma oficial.

Cuando comenzó su presentación, mis ojos se iluminaron. Comencé a desear profundamente aquello: hablar en público de las cosas transcendentales, ayudar y motivar las personas, y si fuera posible, hacer eso en otros idiomas.

En medio de la exposición, el hombre se quitó la chaqueta, ya que el calor era insoportable y estaba sudando demasiado. Así que corrí a la plataforma, y me ofrecí para guardar su saco. Él sonrió, levantó las manos y me dijo: "Lo que tú deseaste y pediste hoy a Dios, Él te lo dará". Me alegré mucho con esta palabra, y ella entró en mi corazón como una flecha.

Varios acontecimientos posteriores han confirmado que tarde o temprano esto iba a pasar en mi vida, a menos que yo me desviara de mi ICP - *Idea Central Permanente*, o sea, mi propósito en esta tierra.

Veintisiete años después de este episodio, es eso lo que vengo haciendo. Viajo por el mundo llevando la verdad en la que creo, entrenando las personas, motivando una generación. Y más, en varios países puedo compartir hablando en otros idiomas.

Desde los 27 años hasta que el "futuro" llegara, fueron años de entrenamiento intenso y duro. Algunos, viéndolo de afuera, podrían llamarlos años "de problemas". Pero lo que usted llama problema, Dios le llama entrenamiento.

El ataque de un león y de un oso para muchos es un problema. Para David, fue el entrenamiento para Goliat, y Goliat era su pasaporte para el palacio (Vea 1 Samuel 16).

Nuestro destino puede ser revelado, pero el camino hasta allá, jamás lo sabremos.

Imagínate si José de Egipto hubiera sabido todo lo que le iba a pasar para que su destino se cumpliera. En el sueño que tuvo, él vio su futuro, pero no tenía idea del proceso, ni el paso a paso (Ver Génesis 37-50).

Imagínate a Dios hablando: "José, tú vas a gobernar!". "¡Wow, gracias, Dios. Eso es bueno!". "Pero José, tus hermanos de sangre, los que crecieron contigo, los que comían en tu mesa, los que deberían ser un ejemplo por ser los más viejos, te van a traicionar por envidia, y a venderte como esclavo a mercaderes ismaelitas. Ya no serás el hijo querido de tu padre que hoy tiene de todo, sino que padecerás los maltratos y el sufrimiento de un esclavo. Después serás vendido para un hombre influyente en Egipto, y su esposa te va a difamar y hablará cosas falsas acerca de ti. Entonces serás atrapado bajo mucha rabia y serás encarcelado. Pero no te preocupes, José, solo será por un par de años. Allí en la cárcel resolverás un caso importante, pero se olvidarán de ti, y te dejarán en esa cárcel sucia por largos años".

José probablemente contestaría: "Señor, pensándolo bien... Tengo mucho que hacer en la casa de mi padre; cuidar el rebaño da mucho trabajo. Tengo que estar aquí. Sabes que estamos hablando de Jacob; no puedo dejarlo. Así que no puedo, Dios. De todas formas, gracias. Pero puedes intentar con Rubén, uno de mis hermanos".

¿Tú crees que alguien aceptaría su destino sabiendo los tropiezos que le esperan en el camino? Piensa en este momento en lo que has pasado para llegar hasta aquí y ahora, que estás leyendo este libro.

José siempre fue él mismo. Reveló su propósito de vida y su misión en todas las etapas de su vida. Él siempre manifestó su esencia. No esperó el trono del faraón para gobernar y cumplir con su vocación. José gobernó en la casa de Potifar, general del ejército egipcio en ese entonces; en la cárcel también gobernó. No importaba dónde lo colocaban, él ejercía gobierno.

¿Y tú?

Conozco a muchas personas que esperan que el día de la promesa se haga realidad para cumplir su destino. Pero históricamente hablando, no es así como funciona. Tú eres lo que eres, independientemente de la etapa de vida en la que te encuentres, o de los títulos que tengas. Un cantante no necesita cerrar contrato con una compañía discográfica para expresar su vocación. Un líder no necesita un título para liderar. Solo observa a un grupo de personas perdidas en el bosque, y en 15 minutos aparecerá el líder, por más que nadie le haya regalado un título.

¿Quién eres tú?

Tú no eres lo que dicen que eres. Eso sería solo tu reputación.

Tú eres lo que haces cuando nadie te está mirando. Eso se llama integridad. Reputación es lo que dicen de ti. Integridad es lo que tú eres cuando nadie te mira.

> **REPUTACIÓN ES LO QUE DICEN DE TI. INTEGRIDAD ES LO QUE TÚ ERES CUANDO NADIE TE MIRA.**

¿Prefieres ser íntegro, o solo tener una buena reputación?

A veces las dos pueden caminar juntas. Pero hay momentos en tu vida que tienes que escoger. Fue el caso del propio José de Egipto. Cuando la mujer de Potifar intentó seducirlo, él podía haberse acostado con ella manteniendo su buena reputación, ya que él era muy bien hablado en esta casa. O podía huir para mantener su integridad.

¿Quién eres tú?

Una vez enseñando un curso de liderazgo en la Florida para un grupo de líderes cristianos latinos, se me ocurrió una dinámica. Arrugué un pedazo de papel, dándole la forma de una pelota. Hice que los 18 participantes se quedaran en un círculo, entregué la pelotita en las manos de uno, y les dije:

"El ejercicio es simple. Esta pelota representa un ser vivo. Se debe pasar de mano en mano hasta que vuelva a las manos del primero que la pasó. Solo recuerden a la persona a quien lanzaron la pelota, porque cuando repitamos el ejercicio, tendrán que hacerlo en el mismo orden".

Comenzaron la dinámica, y la pelota pasó de mano en mano hasta que regresó al primer líder que había jugado. La vuelta tomó un total de 28 segundos.

Entonces di la segunda instrucción para continuar con la dinámica:

"Esta pelota, como he dicho, es una vida y no puede caer al suelo. Peor aún, está entrando en 'colapso', y tenemos siete segundos para salvarla. Tienen que pasarla de mano en mano, en el orden en que lo hicieron la primera vez, todo en siete segundos".

Fue el comienzo de nuestra observación. Se necesitan dos o tres minutos para identificar quién es quién.

Algunos empezaron a hablar: "Es imposible, no vamos a lograrlo". Otros se quedaron simplemente mirando, mientras que el grupo eufórico discutía las posibilidades. Algunos solo decían: "Vamos, hay que tener fe", pero no se movían y ni siquiera sugerían estrategias. Pero siempre hay uno o dos que suelen hacerse cargo sin que nadie los nombre, y entonces comienzan a pasar coordenadas.

Mientras tanto, yo los rodeaba hablando:

"Tranquilos, es posible. Un grupo más grande que ustedes y con discapacidad pudo hacerlo en seis segundos. Ustedes también pueden. Utilicen la gravedad a su favor. Al escuchar que un grupo con mayor número de personas y discapacitados lo había logrado, se animaron y comenzaron a moverse con más ganas. Sin embargo, solo dos participantes escucharon que sugerí que usaran la gravedad a su favor. De hecho, esa era la solución del problema. Pero no todos escucharon.

Cuando la dinámica acabó, les dije:

"Señores, en primer lugar, nunca apliqué esta dinámica a un grupo mayor, ni con discapacitados. Les dije eso para inspirarlos, y lo logré. En segundo lugar, hemos visto aquí cómo reaccionan ante los desafíos de la vida. Algunos simplemente observaron. Otros gritaron que era imposible. Otros dijeron que era posible, pero no hicieron nada al respecto. Hubo otros que trataron de encontrar el camino, escucharon al grupo, y pasaron coordenadas. Concluyo preguntando a los señores líderes: "¿Quiénes son ustedes?".

Tu existencia

Después de partir de esta tierra, las personas no recordarán lo que usted pensaba que era, y sí lo que fue a los ojos de ellas.

"No era suficiente con que la esposa de César fuera honesta; tenía que parecer honesta", decía un famoso refrán romano.

A veces somos alguien, pero las personas alrededor nos ven completamente diferentes de lo que somos. No basta con ser; tenemos que demostrar quiénes somos. Las personas no leen nuestras mentes; simplemente ven nuestras actitudes. Por lo tanto, no somos lo que pensamos; somos lo que hacemos. ¿Entiendes eso? Nuestra filosofía interna tiene que ser coherente con las acciones externas, para que tengamos una identidad consistente.

> **NO SOMOS LO QUE PENSAMOS; SOMOS LO QUE HACEMOS.**

Algunos se llaman católicos a sí mismos, pero la conducta diaria de estas personas no está de acuerdo con la doctrina de la iglesia a donde asisten. Otros tienen la apariencia de judíos, pero ni siquiera guardan el *shabat* ni comen *kosher*. Todavía hay quienes se denominan evangélicos, pero lo último que identificamos en ellos es la presencia del Evangelio, tal como se describe en las Escrituras.

Quiero decir que muchas veces no somos lo que declaramos, y no siempre revelamos lo que realmente somos.

Primero descubre quién eres en verdad, y entonces proyecta como te gustaría llegar a ser.

En general, vivimos como nos gustaría vivir, y no como es la realidad. Así es que muchos gastan más de lo que ganan, mienten a sus amigos para ser aceptados, y venden una felicidad irreal en las redes sociales.

¡El mundo ha cambiado!

Los cambios en estos días son tan agresivos que solo sacrificándose a las constantes actualizaciones es que sabremos dirigir el barco en este mar tempestuoso. Uso la palabra "sacrificarse" porque la actualización es dolorosa. Quien aprendió a escribir en la máquina dactilográfica, y hoy necesita usar la computadora, sabe a lo que me refiero.

Date cuenta de que *sacrificio no es sufrir*. La diferencia es que el sufrimiento produce un dolor que muere en sí mismo, y no sirve de nada. Pero el sacrificio dará sus frutos en medio del dolor. Y una vez en las manos, este fruto tiene

EL SUFRIMIENTO PRODUCE UN DOLOR QUE MUERE EN SÍ MISMO. EL SACRIFICIO DARÁ FRUTOS EN MEDIO DEL DOLOR.

el poder de borrar todo el dolor del proceso. Tomemos el caso de una mujer embarazada. En nueve meses su cuerpo se deforma, su nariz y sus pies se hinchan, tiene 30 kilos de sobrepeso, y duerme con dificultades porque ya no existen condiciones que le puedan dar comodidad. Requiere ir al baño de cinco en cinco minutos. Por último viene el mayor dolor: el parto.

Como podemos observar, la mamá tuvo nueve meses de sacrificio, y no nueve meses de sufrimiento. Porque al tener al bebé en sus brazos, ya ni se acuerda de las dificultades y molestias que enfrentó para llegar allí. La prueba de eso es que, por lo general, la mujer tendrá otros hijos.

No clasifiques tu vida por el dolor que sentiste. Aprende a diferenciar sufrimientos, de sacrificios. El dolor es un aliado de la prudencia. El dolor nos moldea, y nos muestra quiénes realmente somos. No debemos huir del dolor; tenemos que aprender con él. Es lamentable ver a una persona que lidia con el dolor a través del sufrimiento, y no a través del sacrificio.

Mira el dolor de un atleta. Él entrena duro todos los días y durante años para los Juegos Olímpicos. Él se priva de comer un rico asado con los amigos, y de un fin de semana en la playa. Su sueño y su alimentación están regulados. Este dolor está relacionado con el sacrificio, y no con el sufrimiento. Porque cuando le ponen la medalla, le viene la sensación de que todo valió la pena. Después del éxtasis de la victoria vuelve al entrenamiento pesado, esperando la próxima competencia. No salir a comer con amigos los fines de semana, con el fin de ahorrar para una meta, no es sufrimiento, es sacrificio. Después de todo, un día el fruto llegará.

Ese es el tipo de dolor irrefutable: el dolor que produce frutos. Como he dicho anteriormente, lo que nos moldea es lo que nos hace ser. Nuestra existencia está llena de dolor. La forma en cómo tú vas a interpretar el dolor a partir de hoy es lo que definirá tu destino.

La verdad es que necesitamos un lugar para llevar nuestras preguntas sin respuestas; nuestra confusión mental. Dentro de nosotros rara vez encontramos las respuestas, la seguridad y la cordura. Por lo tanto, nos dirigimos a las ofertas del mundo exterior. Algunos la encuentran en la religión. Otras en las drogas, la prostitución y el juego.

Independientemente de cómo eso nos afecta, el dolor es en realidad una señal de vida. Es una prueba de que el cuerpo todavía tiene la capacidad de sentir. El dolor no es el final del túnel; es el comienzo de algo nuevo. Nadie sigue siendo el mismo después de superar el dolor.

Los dolores dejan heridas. La buena noticia es que una herida se puede convertir en una cicatriz. Ahora, ¡preste atención! Son las cicatrices las que demuestran que ganamos, y no las heridas. Las heridas abiertas se pudren.

Cuando Jesús mostró las cicatrices en sus manos y pies, Tomás creyó que el hombre que estaba delante de él era el Jesús que fue crucificado tres días antes. Nuestras cicatrices nos dan la credibilidad necesaria para entrar en un nuevo tiempo.

Sin embargo, hay heridas tan profundas que transgreden nuestra identidad.

Philip Yancey, escritor estadounidense de *best-sellers* que se dedica a la militancia cristiana, escribió en su libro *¿Para qué sirve Dios?*, que entrevistó a decenas de prostitutas por causa de una campaña evangelística que hizo en Green Lake, Wisconsin. El resumen de todo lo que oyó lo llevó a creer que estas mujeres que a veces criticamos, juzgamos y condenamos, son víctimas de abusos tan profundos en la infancia, que sus identidades son raptadas hasta el punto de no poder hacer el rescate.

Por eso es imposible que un ser humano juzgue al otro, pues nadie sabe el dolor que quedó atrás. Nadie conoce la historia del principio al fin.

Las personas por lo general se conectan con tu dolor, con tu superación, y nunca con tus éxitos. ¿Y tú? ¿Qué cuentas más? ¿Tu superación al dolor, o sus éxitos? En un mundo donde los cambios son rápidos e inevitables, la negatividad

> **LAS PERSONAS SE CONECTAN CON SU DOLOR, CON SU SUPERACIÓN, Y NUNCA CON SUS ÉXITOS.**

está en un lugar bien destacado, hasta el punto de no saber para qué sirve la esperanza.

Mario Sergio Cortella, filósofo y teólogo brasileño, dice en sus conferencias que debemos tener esperanza, pero en el verbo correcto: esperanza del verbo esperanzar, y no del verbo esperar. Por eso la importancia de lidiar con el dolor y tener "esperanza" de que todo pasa. Porque será a través de eso que las personas se conectarán contigo.

¿Cómo así? Te debes estar preguntando. Te lo explico.

Hace 10 años cuando yo me dedicaba a los negocios en la industria del turismo internacional, era muy exitoso en lo que hacía. A muchas personas les caía muy bien, pero no todos se conectaban conmigo. Mi realidad no lo permitía. Vivía de avión en avión, celebraba públicamente los negocios, y tenía siempre historias victoriosas para contar.

Siempre estaba rodeado de gente, pero mi existencia era indiferente. Quien yo era no tenía ningún significado para ellos. Solo importaba lo que yo tenía. ¡Pero no los juzguen! Yo vendía esa imagen de éxito, y las personas no se conectan con los éxitos de otros. Ellas solamente se interesan por sí mismas. ¿Qué imagen vende de usted?

Cierto día y sin previo aviso, ¡el "día malo" llegó!

La compañía quebró por la acumulación de situaciones no resueltas. Imaginen aquella empresa que comencé con solamente siete dólares en el bolsillo, poniendo gasolina en un coche prestado para llegar a una feria de turismo en Río de Janeiro. Una compañía que construimos ladrillo por ladrillo, que se convirtió en una referencia en el mercado cinco años después de su apertura, ahora estaba devastada y escapándose entre mis manos.

Me sentí avergonzado, impotente, débil y en bancarrota. Pronto llegó el dolor. Y no fue poco. Enfrenté varias noches sin dormir, culpas, miedos e inseguridad.

Usando la inteligencia espiritual para discernir el proceso que estaba pasando, decidí asumir la responsabilidad completa. Me di cuenta de que no debería poner mi destino en las manos de terceros, y sí tomar el control de mi vida, pues son nuestras decisiones las que moldean nuestro futuro.

Como bien dijo Alexander Pope (1688-1744), escritor británico del siglo XVIII: "Un hombre nunca debería avergonzarse de admitir que se equivocó".

Admitir que no todo lo que has hecho en tu vida hasta la fecha de hoy fue correcto, y que debes volver a recalcular la ruta para caminar por esta tierra, no es solo una cuestión de inteligencia, sino de decencia.

Y así fuimos superando, paso a paso, mes a mes, cuenta por cuenta, hasta que finalmente acabó. ¿Sabes una cosa? Cuando todo terminó, tuve más que amigos; ¡había ganado hermanos! Fue en ese momento que pude entender el verso que dice: *"Los amigos se hacen en tiempos de paz, pero en la angustia nace el hermano"* (Proverbios 17:17 RVR 1960).

Cuando les pregunté a los que se unieron a mí en ese período turbulento, hoy fieles escuderos, por qué se habían quedado a mi lado y por qué lucharon conmigo, todos unánimes respondieron: "Tu superación, tu dolor, tu fe y tu perseverancia nos hicieron quedar".

Antes mi éxito no hacía que nadie se quedara, ¿pero mi dolor sí? Estaba confundido, ¡pero feliz!

No podemos confundir el error con la negligencia. El error se debe corregir; la negligencia debe ser castigada. No tengas miedo de cometer errores. Ten miedo de ser

NO TENGAS MIEDO DE COMETER ERRORES. TEN MIEDO DE SER NEGLIGENTE.

negligente. Las personas que te rodean saben diferenciarlo. Ellas hasta pueden lidiar con tu error, pero no con tu negligencia.

Sí, queridos lectores, las personas se conectan con su dolor y su superación.

Imagínate que en una fiesta te presentan a un joven, y que este comienza a contarle los millones que ganó en el año, los coches que compró, los viajes que hizo, y lo mucho que invirtió en su negocio heredado de su padre. No hay nada malo en ello, sin embargo, es probable que nos sintamos incómodos con esta historia. No estamos psicológicamente programados para eso.

Pero en la misma fiesta, imagínate que te le presenta otro joven, y le cuenta que después que sus padres murieron, tuvo que ir a vivir en la calle para no seguir sufriendo abusos en la casa de su tío. Y aún así, sin ninguna estructura familiar o emocional, decidió seguir estudiando. A veces, pasando tres días sin comer, nunca dejó de ir a la escuela y de esforzarse en clases extracurriculares, tales como inglés.

Después de hacer la prueba de acceso a la universidad, descubrió que alguien había vendido la vacante a un adolescente rico de la ciudad y una vez más, la injusticia tocó su puerta. Pero él no se rindió, hizo otra prueba para la universidad, y pasó. Al graduarse, agradece el empleo en la gasolinera donde trabajó por la madrugada para pagar por los materiales de estudio. Dio gracias a Dios por mantenerlo vivo. Y hoy, a los 35 años, es Procurador de Justicia, y un líder comunitario que ayuda a cientos de niños a tener un futuro.

¿Con cuál de los dos jóvenes te conectaste?

¿Cómo terminará tu vida?

Las personas nunca recordarán cómo comenzaste, sino cómo terminarás.

Quiero que conozca la historia de Don Julio. Julio siempre fue un hombre 100% fiel en todo y con todos. Durante los 40 años de matrimonio fue cariñoso, atento, y muy amable con su esposa. Julio era un padre ejemplar. Cuidaba a sus hijos con tanto amor y dedicación, que causaba envidia entre los vecinos de su barrio. Pero después de jubilarse, Julio salió a cenar con una antigua compañera de trabajo. Ellos se pasaron de los límites en la conversación, y terminaron en un hotel. Don Julio tuvo un ataque al corazón, y se murió durante la única infidelidad conyugal de su vida.

Una pregunta: ¿Cómo se acordarán de él? Las personas ni siquiera recordarán los 40 años que fue un marido fiel y un padre ejemplar. Solo será conocido como el infiel que fue "castigado" por su pecado. Como dijo Salomón, rey de Israel: "Mejor es el fin de un asunto que su comienzo" (Eclesiastés 7:8).

¿Cómo sería la historia de Martin Luther King Jr. (1929-1968), el pastor bautista negro que luchó por la igualdad de derechos entre negros y blancos en un momento de profunda segregación en los Estados Unidos, si no hubiera sido asesinado en el auge de su propósito? Su final perpetuó su vida.

> **TRABAJA CON PASIÓN HOY, PARA QUE TU FIN SEA MEJOR QUE TU COMIENZO.**

Cada día que vivimos nos preparamos para el final. No es una visión pesimista; es realista. Nuestra existencia solo es posible a causa de la vida y la muerte. Y la muerte nos apresura a emprender la vida.

Trabaja con pasión hoy, para que tu fin sea mejor que tu comienzo. Porque así es como todos te recordarán.

Identidad

Las preguntas filosóficas más citadas desde Platón siempre están relacionadas con la identidad. Un famoso dicho de Sócrates, filósofo griego de antes de Platón era: "Conócete a ti mismo". Para la filosofía y la teología saber quién es usted, y descubrir su destino son las bases que construyen la identidad. Preguntas como ¿Quién soy yo?, ¿Hacia dónde voy?, ¿De dónde vengo? revelan que el ser humano, desde la antiguedad, tiene una sed insaciable por descubrir su verdadero yo.

Tú eres formado por influencias internas y externas, por un cúmulo de experiencias y vivencias como individuo. El temperamento, el relacionarse, la estructura familiar, la religión y la cultura también contribuyen en esto. Entonces, ¿cómo perdemos la identidad? Científicamente, por un traumatismo o por una mutación en el sistema biopsíquico.

Los traumas que manipulan nuestra identidad por lo general fueron causados en la infancia. Entre 2012 y 2016, fui a Japón algunas veces a dar entrenamientos de liderazgo en ciudades cercanas a Tokío. Recuerdo la última vez que al concluir la conferencia, una joven japonesa se acercó y comenzó a contar su historia de superación, su intento de suicidio, y que la respuesta que ella buscaba la encontró en la fe.

Pero al preguntarle cómo fue su infancia, se reveló un trauma. Fue "huérfana de padre, estando él vivo"; su madre padecía de trastornos psiquiátricos y no le brindó su amor; y sufrió abuso físico de su hermano. Todo esto fue antes de la edad de ocho años.

Estos acontecimientos la llevaron a buscar una "nueva identidad" para ser aceptada fuera de casa, y salir de ese "infierno" lo más rápido posible. Comenzó a prostituirse a los 15 años, e intentó suicidarse a los 16 años.

Estudiando casos como este, me di cuenta que hubo una mutación en el sistema psíquico y espiritual de la humanidad. Es complejo de entender, pero me quiero explicar:

Vivimos en una generación transgénica.

Los medios de comunicación, la televisión, la política, la cultura y la falsa religión sabotearán nuestro ADN para que seamos hechos para el consumo. Nos transformarán en un número.

¿Sabes qué son los transgénicos?

Los alimentos transgénicos son modificados genéticamente con el fin de mejorar la calidad, y aumentar la producción y el lucro. En algunas técnicas, son implantados los fragmentos de ADN de bacterias, virus y hongos en el ADN de alimentos de origen vegetal o animal.

Recientemente, en el más famoso canal de televisión de Brasil, se presentó un informe sobre el salmón transgénico. Como este tipo de pescado ha sido muy solicitado en los restaurantes, los productores han decidido modificarlo en el laboratorio para que crezca más rápido de lo normal, engordándolo más fácilmente que lo natural, y que sea presentable y apto para el consumo en un tiempo récord. Pero el efecto secundario es que todo lo trangénico es estéril. Jamás va a ser capaz de reproducirse.

Así es como vivimos: expuestos a la televisión y no a los buenos libros; a la religión y no al evangelio. Ellos alteraron el ADN natural divino con el que nacemos para que crezcamos, prosperemos, seamos lindos, y estemos aptos para el consumo. El único problema es que seremos estériles. ¡Nunca vamos a dar frutos!

¿Has probado las deliciosas uvas sin semillas producidas en el laboratorio? Son hermosas, inmunes a las plagas, deliciosas para el consumo, pero no tienen semillas. Morirán en sí mismas.

Hay personas que potencializan su ADN divino, y pueden amar en un mundo de odio. Esta perfecta genética, a pesar de tener que luchar contra las plagas y no siempre ser la más bella y deliciosa, nos permite reproducir y fructificar.

Me gustaría que este primer capítulo del libro sea más filosófico. Así que no pienso explicar lo que escribo; simplemente agudizar tu imaginación y provocarte a que pienses.

El mundo cambiante en el que vivimos decidió valorar más la excelencia que la existencia, o sea, la esencia. Por lo tanto, en la década con más información de la historia, la era de la industria del ocio, la generación más confortable de todos los tiempos, vivimos en el caos de la depresión, ataques de pánico y angustias.

Nunca se tomó tantos antidepresivos y tranquilizantes como hoy. Nunca fuimos tan pobres emocionalmente, y tan pequeños de alma; unos verdaderos mendigos espirituales.

Esta condición es fácil de explicar. Nacimos para una cosa y estamos corriendo detrás de otra. Cuando estamos fuera de nuestro camino, nada tiene sentido. Nuestra crisis de identidad ha afectado a nuestros proyectos, y a nuestra descendencia.

Todavía hay tiempo para actualizar nuestro destino y empezar a vivir por él. ¿Estás dispuesto? Es como un *GPS*. Si pierdes la conexión en medio de la ruta, tienes que reconectarte y recalcular las coordenadas.

El poder del pensamiento

Blaise Pascal (1623-1662), filósofo y teólogo francés, cree que una de las prioridades de nuestra forma de pensar es pensar por nosotros mismos, y no solo en las cosas exteriores de nosotros.

La principal tarea del hombre social es conocerse a sí mismo, pero para cumplir este compromiso la razón se interpone, porque ella es débil, incrédula e inexacta. Cae constantemente en la fantasía, en el sentimentalismo, y en el hábito.

Además de limitados, también somos impotentes ante la miseria humana como la muerte y la ignorancia. ¿Cuál es la fuerza de un ignorante si el poder es el conocimiento?

Para escapar de estas debilidades, muchos optan por no pensar, y no pensar para Pascal es diversión y distracción. Eso en estos días se traduce como entretenimiento. Divertirse es una manera de distraerse con las ocupaciones que nos separan de la realidad en que vivimos, o del futuro que nos espera. Así que para muchos, el cristianismo y la forma de hacer "iglesia" son solo diversión; un medio para distraerse y no poner atención a los problemas y a los vacíos existenciales. Esto digo según las encuestas que hemos hecho como instituto en varias partes del mundo, especialmente en América Latina.

Una persona libre de traumas y dolores, que conoce su propósito, es una persona centrada en el futuro, que sueña en contribuir a la humanidad, y que encontró el sentido a la vida. Pero aquel que todavía no ha aliviado su carga emocional y espiritual, siente sus miserias cuando no tiene nada que hacer. Y el entretenimiento es el "hacer algo" que va a alejar su alma del vacío y del aburrimiento. La diversión, en muchos casos, es un escape de nosotros mismos. Por eso hoy en día, hay mucho entretenimiento en los lugares donde debería habitar solo el conocimiento.

"El hombre está dispuesto a negar lo que no entiende", dijo el propio Pascal. Cualquier cosa que el ser humano no entiende, lo rechaza. Por lo tanto, la felicidad está en la ignorancia, porque cuanto más se sabe, más sentido de responsabilidad se obtiene. Y con él viene un peso inaguantable.

Por eso la Biblia dice: *"Porque al que se le da mucho, también se le exigirá mucho"* (Lucas 12:48 RVC). El pensamiento es un poderoso acto que nos saca de la condición de manipulado, para ser portadores de decisiones.

> **EL PENSAMIENTO ES UN PODEROSO ACTO QUE NOS SACA DE LA CONDICIÓN DE MANIPULADOS, PARA SER PORTADORES DE DECISIONES.**

Recuerda que cada elección genera pérdidas. Si decides hacer dieta, perderás el placer de los manjares. Si optas por comer de todo, vas a renunciar a tu peso ideal e incluso tu salud.

Cuando calculamos las pérdidas, sentimos menos.

Cuando sabemos quiénes somos, no sufrimos, pero inevitablemente, la vida sigue con sacrificios.

Diseñando tu nuevo *layout*

Una de las funciones de actualización de *iOS* en el *iPhone* es rediseñar el *layout* del teléfono: establecer un nuevo estándar de organización de fotos, aplicaciones, características y colores. *Layout* es el diseño, lo que la gente ve. Es lo que tu imagen transmite.

Como mencioné en la introducción, vamos a estudiar un poco sobre la misión, visión, valores y propósito, porque eso es lo que la gente ve en ti: su *layout* (imagen).

Al terminar este primer capítulo, será el primer día de tu actualización, y no habrá duda de que en los próximos 11 días (11 capítulos más) estarás listo para comenzar a cumplir tu destino en esta tierra.

¿Estás dispuesto?

¿Qué es VISIÓN para una Vida Actualizada?

La visión es el futuro. Es cómo tú te ves dentro de 10 o 20 años. Para muchos el futuro ya llegó, pero no supieron qué hacer con él. Por eso más importante que tener visión es ser entrenado para ella.

Pero el entrenamiento no es en cualquier cosa; tienes que ser específico. ¿De qué sirve que un neurocirujano sea entrenado por el mejor ortodoncista del mundo? O cuando tienes dolor de muelas, no te servirá ser amigo del mejor oftalmólogo de la ciudad. ¿Me entiendes? Tu formación o especialización debe ser en aquello que se espera para el futuro.

Jim Collins, un famoso consultor de negocios estadounidense, que tuve el placer de escuchar en uno de sus talleres en Chicago, en los Estados Unidos hace unos años, dice en su libro *Empresas que Sobresalen* (*Good to Great*) que "la intensidad del entrenamiento determinará la rapidez con que se llega al futuro".

Cuando las excelentes empresas de América se dieron cuenta de que el mundo estaba cambiando y convirtiéndose en tecnológico a partir de la década de 1980, todas empezaron a invertir fuertemente en la capacitación tecnológica.

Tener visión es fundamental porque sin ella no vamos a saber dónde invertir hoy para cosechar mañana. No sabremos a dónde ir, ni qué hacer la próxima semana.

Cuando Walt Disney (1901-1966) soñaba con los parques que conocemos hoy, él no tenía nada más que una visión del futuro. Pero este es el punto de partida para cualquier gran logro en tu vida.

La visión nos indica el destino, y ahora podemos poner nuestra energía para hacer cumplir la misión.

¿Cuál es la misión para una Vida Actualizada?

Misión es el siguiente paso: lo que debe hacer todos los días para que el futuro llegue en el período determinado. Cuando el objetivo está claro, es la hora de recorrer el camino hacia allá. Este recorrido es nuestra misión. Sin visión, una misión pierde sentido.

Cuando un soldado va a la guerra y recibe una misión para el día, él no la cumple por el sentido de la orden recibida, pero sí por la visión que algún día se cumplirá. Nadie va a la guerra por la misión, sino por la visión. Quiero decir que no va a las trincheras para matar al soldado enemigo porque es su misión. Lo hace porque quiere traer la paz a su nación, ganando esa batalla. En este caso, la visión es traer paz a la nación de aquí a cinco años. La misión de este soldado es ir al frente de batalla y resistir al enemigo.

SIN VISIÓN, UNA MISIÓN PIERDE SENTIDO.

¿Recuerdas la invasión americana a Irak (2003 a 2011)? Fue una tragedia. ¿Por qué? Hicieron que miles de soldados estadounidenses fueran a la guerra con la visión de aniquilar las armas nucleares que estaban en poder del enemigo. Por lo tanto, la misión era oprimir y matar a diario a los iraquíes. Después de años de derramamiento de sangre y de opresión, las tales armas nucleares nunca fueron encontradas.

Una misión sin visión pierde su significado, y causa revuelta.

Por lo general, los jefes, líderes e incluso los padres, pasan una misión a sus subordinados o hijos, pero no revelan la visión, o sea, el futuro. Trabajar en una misión sin saber a dónde ir, cansa y desanima. ¿Entiende eso?

Cuando se establece la visión, no importa cuán difícil sea la tarea, nunca faltará la pasión para hacerla.

Propósito

En nuestros cursos y seminarios de liderazgo en el *Instituto Destiny*, por lo general presento la palabra propósito como su ICP - *Idea Central Permanente*. La ICP es la que independientemente del proyecto o etapa de la vida en que se encuentre, domina tu corazón. Es una idea que es el centro de todas las demás ideas de tu vida; lo que es permanente, es decir, para siempre. ¡Este es el propósito!

¿Recuerdas la historia de José que conté al inicio del capítulo? Gobernar era la ICP.

Cuando tienes una visión, tienes un futuro.

Cuando tienes una misión, eres productivo, y no estás solo ocupado.

Cuando tienes un propósito, ¡tu vida tiene sentido!

Tu ICP es lo que te mantiene vivo ante los reveses de la vida. Es lo que te mantiene íntegro en la casa de Potifar. Eso es lo que te conserva en los años de hambre.

Descubrir y vivir tu propósito cada día es el secreto de una Vida Actualizada.

Quien tiene propósito valora su tiempo, pues sabe a dónde quiere llegar.

Quien tiene propósito no camina con cualquier persona, porque sabe que en compañía de todos se volverá igual.

Quien tiene propósito no se ofende, porque sabe exactamente quién es.

Quien tiene propósito vive su destino, y no el de los otros. No siente celos, porque sabe para lo que fue llamado.

Cuando descubrí mi ICP hace unos años, me di cuenta de que durante todo lo que había hecho en la vida, las etapas que pasé, y por todas las situaciones que viví, una idea central nunca se apartó de mí: entrenar personas.

QUIEN TIENE PROPÓSITO VIVE SU DESTINO, Y NO EL DE OTROS.

Cuando conduje la empresa turística, me encantaba llevar a las personas para que estudiaran más la Biblia. Como pastor me envolvía en estudios bíblicos y clases de teología. Como *coach*, no hace falta explicar, el nombre mismo lo define.

Fue entonces cuando me di cuenta de que había nacido para entrenar personas. Cuando descubrí esto, caí en cuenta de que en el equipo de fútbol, yo sería Dunga (actual entrenador de la selección brasileña) en lugar de Neymar.

Yo definiría la táctica, pero Neymar haría el gol. Yo ganaría un buen sueldo, pero Neymar, mucho más. Yo sería conocido, pero nunca comparado a la fama del atacante.

Cuando descubrimos nuestra ICP, nunca nos comparamos con los demás, porque sabemos exactamente nuestra función.

La vida debe ser de sacrificios, no de sufrimientos. Sacrifícate por tu propósito, y nunca sufras por falta de conocimiento.

Establece tu visión, misión y propósito (ICP), y prepárate para recibir un nuevo diseño.

Las personas te recordarán por lo que vieron en ti (y no por lo que tú pensabas que eras). Cierro este capítulo con una hermosa frase de Benjamin Disraeli (1804-1881), el gran ex primer ministro del Reino Unido durante el reinado de la reina Victoria: "La vida es demasiado corta para ser pequeña".

ACTUALIZACIÓN 1: DEFINE QUIÉN ERES Y ADÓNDE VAS.

A base de lo que has aprendido en este capítulo, escribe lo que sería tu:

VISIÓN

_____

_____

_____

_____

_____

_____

_____

_____

_____

MISIÓN

_____
_____
_____
_____
_____
_____
_____
_____
_____

PROPÓSITO (ICP)

_____
_____
_____
_____
_____
_____
_____
_____
_____
_____

¿Cómo la gente me recordará después de que me haya ido?

_____
_____
_____
_____
_____
_____
_____
_____

¿Cuál será mi legado?

_____
_____
_____
_____
_____
_____
_____
_____
_____

CAPÍTULO 2

EL PODER DE TENER UN MENTOR

18% actualizado

Después de pasar por la primera actualización, tú descubriste quién eres. Ahora, el desafío es encontrar un mentor que te conduzca por las sendas de la vida.

Cuando yo construía puentes y caminos para llegar a los lugares más distantes de mi mente, me di cuenta de que necesitaría de alguien para proveer las herramientas para esta construcción: un tutor.

Tanto para el crecimiento interno, que era mi caso en aquel tiempo, como para los avances externos, que es el camino que estoy caminando hoy, siempre necesité de ayuda especializada. Los errores que cometí en la vida fueron justamente cuando creí innecesaria buscar esta ayuda; este GPS.

Entiende: no necesitas ser un "mac maniaco" para dominar su *iPhone* en la primera semana de uso. Existe un tutorial que te va a orientar paso a paso sobre el uso del aparato. Con él conseguirás utilizar con eficacia todas las funciones del teléfono.

Así funciona la mentoría. Es como un tutorial. Un paso a paso de la vida. Concluyo que el *download* de la versión actualizada de una persona

> **EL ENTRENAMIENTO NOS HACE CONQUISTAR Y AVANZAR. LA MENTORÍA MANTIENE LO QUE AHORA ES NUESTRO.**

sucede por el poder de los consejos y de la instrucción.

El entrenamiento nos hace conquistar y avanzar. La mentoría mantiene lo que ahora es nuestro.

Tú tienes más ítems de serie de lo que te imaginas; muchas funciones que todavía no has descubierto.

Yo no tenía noción de lo que mi *iPhone* era capaz de hacer antes de ir a una *Apple Store*, y ser orientado y entrenado por un vendedor especializado en cómo utilizar todo el potencial de mi aparato.

Existen usuarios que pasan años utilizando su *smartphone* apenas como teléfono, lector de *e-mail*, y conectando redes sociales, sin tener idea de las habilidades internas que están disponibles.

Grandes hombres hubieran sido nada sin grandes mentores.

Un mentor conduce a su pupilo por un camino ya conocido.

Esa semana descubrí que yo podía sincronizar toda mi agenda con mi equipo, a través de una aplicación que siempre está disponible en mi teléfono. Cuando alguien que ya había hecho este *download* me instruyó sobre la función de esta aplicación y de cómo usarlo, me sentí el más tecnológico de los hombres.

Mira a Martin Luther King, Jr., mundialmente conocido como uno de los mayores líderes del Siglo XX. ¿Quiénes fueron sus mentores? ¿Quién lo guió a este camino de sacrificios y de gloria?

El primero fue Howard Thurmard, que viajó por el mundo para entender las religiones, conoció a Gandhi en el 1935, y trajo para King la desobediencia civil no violenta. Esa filosofía de protestar sin violencia fue la que potencializó la voz de King en América.

Los mentores lanzan los cimientos para construir encima de una base.

El segundo fue Bayard Rustin, que reconoció sus capacidades de liderazgo, y le ayudó a organizar el *Southern Christian Leadership Conference*. De esa forma, el movimiento negro salió de la esfera de "protesta", y entró en la esfera "política".

El tercero, cronológicamente primero, fue Benjamin May. Él era hijo de esclavos, buscó educación superior, y se convirtió en profesor de King a los 15 años de edad, cuando estaba recién admitido en la universidad. Años más tarde, Mays pasó a referirse a King como "su hijo", inclusive en su funeral.

Eso no solo muestra la importancia de la tutoría, sino revela que existen diferentes tutores para cada etapa de nuestra vida; personas con conocimiento específico para cada área y fase en que estamos.

Un tutor de alto nivel generalmente no está disponible en el inicio de nuestro camino. Probablemente serán personas simples, mas con las experiencias necesarias para ajustarnos y conducirnos al comienzo de la vida.

Está atento e identifica esas personas en tu trayectoria. Para tener una vida actualizada, encontrarlos es fundamental.

Nuestra actualización depende de este tutorial.

EL PRIMER TUTOR

Recuerdo cuando éramos niños, que los momentos más esperados del año por mis hermanos y yo, eran los días de verano. ¡Ah, el verano! Entrábamos en éxtasis.

Mi padre, que era militar, pedía sus vacaciones en enero para coincidir con las nuestras, y juntos partíamos rumbo al litoral de Río de Janeiro. Quedábamos encantados por el sol de la costa en nuestro rostro, por el viento al finalizar la tarde, por jugar al fútbol en la arena de la playa. Cuando comenzaba a anochecer, había fiestas en las plazas de la ciudad, "puestos" de artesanía, comidas típicas, y todo lo demás.

Sin embargo, momentos celebrados como estos también eran fuentes de conflictos. Convivir con dos hermanos pre-adolescentes, tener que soportar el calor de la estación, administrar los límites financieros (nuestra mesada), y tener el valor para hacer nuevas amistades y enfrentar diversos desafíos inherentes a esto, eran estresantes y provocaban serios disturbios en estos días que deberían ser de descanso y ocio.

Entonces, papá se sentaba con nosotros casi diariamente durante las vacaciones, nos calmaba y nos orientaba, para que no perdiéramos el brillo de aquella estación. Generalmente, el primer mentor del ser humano es el propio padre.

La figura paterna tiene extrema importancia en nuestra identidad. Toda la sociedad desintegrada y en desorden tuvo origen en la ausencia del padre dentro de los hogares. Afirmo eso con base en las declaraciones de especialistas de la psicología y los estudios sociales del mundo de afuera.

El propio Sigmund Freud, considerado el padre del psicoanálisis, dijo repetidas veces que nuestra relación con la figura paterna determina cómo vemos a Dios. Nuestra noción del respeto, límites y autoridad, según la teoría freudiana, está conectada al tipo de relación que tuvimos, o no, con nuestro padre, como se muestra en varios estudios disponibles en la Internet.

Sin auxilio, sin un norte, sin una dirección o consejo de alguien con más experiencia en nuestra infancia y adolescencia, nos perderíamos en los desarreglos de la convivencia, interna y externa, aunque estuviésemos viviendo días de gloria.

Entrevisté a más de 100 líderes influyentes para componer las ideas de este libro. Esa figura de tutoría, y también la paterna, fueron citadas, espontáneamente, por 85% de los entrevistados.

Sé que no todos tuvieron la oportunidad de tener un padre. Algunos tuvieron a uno ausente o hasta cruel. No quiero profundizar en el asunto de paternidad, porque no es el tema central de la obra. Pero si usted no tuvo un padre, ha transferido de alguna forma esta función a otra persona. La pregunta es si ha elegido correctamente el mentor sustituto.

¿Qué es mentoría?

La palabra *mentoring* en inglés significa "mentorear". Yo la definiría como aconsejar e instruir con acompañamiento constante.

Aconsejar es diferente de instrucción, y vamos a entender eso en este capítulo. Observen cómo también podemos definir la palabra mentorear: Un proceso continuo de transmisión de conocimientos y experiencias de vida a los hijos, pupilos o discípulos, con el objetivo de facilitar el autoconocimiento de cada uno, y de perfeccionar las habilidades de liderazgo, gestión del yo y relaciones. En esta relación, el mentor no dicta reglas, mas conduce procesos. Permite que los pupilos le conozcan como él es. Usa sus debilidades para fortalecerlos, y sus fortalezas para dirigirlos y protegerlos.

En la Grecia antigua, se practicaba la mentoría, o sea, la costumbre de tener un tutor para orientar y equipar a alguien con menos experiencia.

> **LOS PROPÓSITOS SON ETERNOS; LAS PERSONAS SON TEMPORALES.**

Alejandro el Grande, emperador macedonio y uno de los mayores conquistadores de la antigüedad, fue mentoreado hasta los 16 años de edad, por nada más y nada menos que Aristóteles, uno de los filósofos más influyentes de Grecia antigua.

Un mentor necesariamente tiene contenido. Es alguien capacitado en temas específicos, humilde para enseñar, desprovisto de ganancias, y portador de gran sabiduría. Se conecta con propósitos, y no solamente con personas. Siendo así, aunque alguien falle en este proceso, el proyecto continúa, porque los propósitos siempre serán mayores que las personas. Los propósitos son eternos; las personas son temporales.

Basta evaluar la vida de hombres como Mahatma Gandhi, Martin Luther King Jr., Nelson Mandela, Santa Teresa de Calcuta y otros que dejaron de existir, mas sus propósitos siguen vivos.

Diferente del coaching, que trabaja regalando herramientas y haciendo preguntas, la mentoría trabaja con orientación y consejos.

Hoy en día, difícilmente un líder o alguien actualizado será reconocido como alguien a quien referirse, si no ejerce también la función de mentor. Analizando los resultados y el estilo de liderazgo de los grandes líderes corporativos e institucionales en el mundo actual, vemos que la capacidad de mentorear generalmente es un punto en común entre ellos.

Cuando en vez de mandar, aconsejas e instruyes (mentorea), las personas comienzan a servirte con excelencia, porque los sueños de ellas quedan enlazados a tu propósito.

Recientemente fui contratado por una constructora para ofrecer un seminario a los funcionarios, y acompañar a los directores en sesiones de coaching. El CEO (*Chief Executive Officer* por sus siglas en inglés, o Director Ejecutivo) de la empresa me contó cómo hacía para mantener a las personas tan felices y satisfechas en su empresa.

La primera pregunta que él hacía a un nuevo miembro de la directiva, a un gerente o ingeniero era: "¿Cuál es su sueño?". Las personas no están acostumbradas a responder tal cosa. Sin embargo, al saber los sueños de ellos, este director trabajará duro para que cada día de trabajo los funcionarios se aproximen a sus sueños.

Una ingeniera de esta institución tenía el sueño de tener casa propia. Cuando el CEO descubrió eso, le hizo una propuesta. Cada meta que ella alcanzara en más de 70 obras que pusiera en marcha, ella ganaría unos bonos extras que serían revertidos en crédito para la adquisición de un apartamento en los proyectos de las constructoras.

¿Piensas que esta ingeniera dio todo de sí, para que la constructora fuera la número 1 del mercado?

El mundo cambió. No basta bonificar. Ahora, el sueño del funcionario debe estar entrelazado al propósito de la empresa. Así ambos siempre estarán realizados.

ACTUALIZACIÓN 2: TEN UN MENTOR OBLIGATORIAMENTE. SÉ UN MENTOR, SI ES POSIBLE.

Me gustan mucho las películas de la serie X-Men. Lo que siempre me cautivó fue la función del profesor Xavier. Aquel señor preso en una silla de ruedas era más fuerte con su inteligencia que cien hombres físicamente perfectos.

Los jóvenes mutantes de esta película descubrieron que poseían súper poderes, y se dieron cuenta también que no podían controlarlos. Acabaron lastimando a otras personas, hasta aquellos a quienes más amaban.

ACONSEJAR + INSTRUIR = MENTOREAR

Sin embargo, encontraron al profesor Xavier, y comenzaron a ser mentoreados para poder usar con seguridad y eficacia los poderes que poseían. Siendo así, ante de las provocaciones de los adversarios, mantenían el foco del objetivo sin abandonar las motivaciones correctas.

Un mentor une y entrena jóvenes confundidos y mal dirigidos, y los transforma en un fuerte equipo de superhéroes. (Piensa en David en la

> **NO TODOS SON MENTORES, MAS TODOS DEBEN SER MENTOREADOS.**

caverna de Adulan, que mentoreó endeudados, amargados.)

Las veces que veo esta película y observo al profesor Xavier, recuerdo a mi padre. Mis hermanos y yo teníamos "súper poderes"; solo no sabíamos cómo utilizarlos correctamente.

Analiza la historia de gigantes emprendedores brasileños como Jorge Paulo Lehman, de In Bev (Compañía de Bebidas de Las Américas, destiladora brasileña). Descubrirás que al iniciar el proyecto ambicioso que lo transformó en lo que él es hoy, Lehman fue para los Estados Unidos, buscó a Jim Collins (un gurú del mundo empresarial americano), y pidió ser mentoreado por él. Esta asociación tiene una duración de 20 años, y las empresas de Lehman representan miles de millones de dólares.

El público de hoy no comprende más las órdenes, y sí los ejemplos. Antiguamente, un líder jefe (militar, político, sacerdote...) daba órdenes, y todos, temerosos, obedecían. Hoy con sobredosis de información diseminada por los medios, principalmente por la Internet, pocos aprenden de reglas y límites. No todos son mentores, mas todos deben ser mentoreados.

Aprendemos eso en la Inteligencia Bíblica. Jesús fue el mayor mentor que pasó por la tierra. Sin embargo cuando estuvo aquí, era aconsejado e instruido. Aquí definimos bien de que se trata la mentoría:

En Juan 5: 30, Jesús explica claramente: *"Yo no puedo hacer nada por iniciativa mía; como oigo, juzgo, y mi juicio es justo porque no busco mi voluntad, sino la voluntad del que me envió".*

Entiendo con eso que la base de la mentoría es hacer lo que se ve, y hablar lo que se oye.

Podemos ver eso en diversos casos. El Presidente de los Estados Unidos es el hombre más poderoso del mundo, mas no puede tomar decisiones solo. Se somete a un grupo de consejeros, un grupo de mentores que lo ayuda en la toma de decisiones.

Tomamos cerca de 300 decisiones todos los días, algunas insignificantes como escoger las medias que vamos a usar. Ya otras decisiones pueden cambiar su rutina. Es el caso de decidir ir a trabajar en coche, en vez de usar el transporte público. Otras decisiones cambian su semana, otras su año. Pero hay decisiones que cambian toda su vida, como el casamiento, cambio de país, en qué facultad va a estudiar, o dónde va a invertir su dinero.

Yo tengo cuatro mentores y casi diez consejeros. Difícilmente tomo decisiones importantes sin filtrar las posibilidades con todos ellos. Aprendí con uno de mis mentores, por ejemplo, sobre cómo tratar a las personas. Él nunca me dice: "Tiago, trata a las personas así o así". Mas observando cómo él valora a todas y a cualquier persona que pasa por su camino, cómo él siempre ve el lado bueno de ellas, y las valida por eso, entendí que debería actuar así.

Los resultados y frutos de este líder son inmensurables.

Mentorear es aconsejar e instruir

Aconsejar: es dar dirección u orientación, mostrar caminos, recomendar algo, corregir o amonestar a alguien.

Instruir: doctrinar, insertar conocimiento para la construcción interior, ordenar ideas, comunicar habilidades y experiencias.

Enseñar, disciplinar, educar, corregir, preparar, edificar e iluminar son sinónimos de aconsejar + instruir: **Mentorear.**

Una Vida Actualizada necesita desarrollar las habilidades de mentoría, y recurrir a sus herramientas. Los días en que vivimos exigen esa cualidad para la función de liderazgo. Consejo es prevención. Instrucción es progreso.

> **CONSEJO ES PREVENCIÓN.
> INSTRUCCIÓN ES PROGRESO.**

Cuando estás cubierto de consejos, estás siendo prevenido de lo que está por venir; estás siendo preparado para un futuro. Tu margen de error disminuye en un 80%. Los consejos tienen la función de revelar estadísticas: lo que puede dar cierto y lo que puede dar error. Los consejos son más importantes que las opiniones. Una opinión puede darla cualquiera. El consejo solo un especialista lo da.

Cierta vez, la profesora del colegio llamó a una madre, por motivo de su hija. Se trataba de una breve reunión para comunicar que la pequeña niña tenía algún tipo de déficit de atención o cosa peor. La profesora se aproxima a la madre de la niña y le dice: "Madre, creo que tenemos un problema. En mi opinión, su niña tiene algún tipo de trastorno, como un grado bajo de autismo".

La madre casi se desmayó. "¿Mi hija? ¡No es posible! Ella es tan experta, conversa todo el tiempo conmigo en casa! ¡Mi Dios!". "Sí, mamá", dice la profesora. "Pero aquí ella es extremadamente distraída, se queda balanceando los brazos y las piernas todo el tiempo dentro de la clase. En la hora del recreo, cuando todos los niños están divirtiéndose, ella se queda sola debajo de un árbol girando para allá y para acá, ¡sin ningún sentido!".

La madre volvió para su casa desolada con la posibilidad de que su hija tuviera algún problema. Dos semanas después, la propia directora de la escuela la invitó a otra reunión. Y esta vez, el tono era más serio. "Nos gustaría que la señora llevara a su hija a un especialista. En nuestra opinión, ella está enferma", ordenó la directora de la escuela.

La madre salió llorando de la reunión, y comenzó una incansable búsqueda de un psiquiatra renombrado, especializado en estos casos. Lo encontró días después en otra ciudad. Sabemos que, por lo general, una madre no mide esfuerzos para resolver un problema cuando ese problema es de sus hijos. Aquella mujer de una forma u otra consiguió una alta suma de dinero para pagar el valor de la consulta, así como los pasajes de ida y vuelta para la ciudad donde estaba la clínica. Llegando allá, el doctor decidió internar a la niña por apenas dos días. Era el tiempo necesario para que hicieran muchas pruebas o exámenes, analizaran los resultados, y observaran a la niña.

Dos días después, la madre volvió a la clínica con el corazón en la mano. El psiquiatra la llevó para la sala, donde se podía ver a través de un cristal en la sala donde su hija estaba. ¿Y adivinen? Ella estaba balanceando los brazos y piernas, solita en la esquina. Hacía movimientos sin sentido alguno.

Fue lo suficiente para la madre comenzar a llorar, afligida. Ella dijo: "¿Ella está enferma, verdad, doctor?". El especialista sonrió y dijo: "Escuche. Yo coloqué una música dentro de aquella sala. Usted ve movimientos sin sentido, pero no oye la música de aquí". Entonces, el médico conectó el sonido a la sala donde estaban, y cada movimiento de aquella niña, ahora parecía tener sentido. El doctor vio a la madre y la tranquilizó: "Querida, su hija no está enferma. Ella es bailarina. Tal vez ella nunca sea buena en matemáticas, tal vez ella no entre en las mejores universidades. Mas eso no quiere decir que es una niña con problemas".

ESCUCHAR CON PACIENCIA LE DA AUTORIDAD AL MENTOR.

A los 25 años de edad, esta niña era una de las grandes coreógrafas de Broadway, en Nueva York. En la opinión de algunas personas, ella estaba enferma. Pero para aquel especialista, que le aconsejó estudiar el arte de la danza, ella era una bailarina.

Cuando mi padre aconsejaba era siempre en este modelo. Nos prevenía cuál es el poder del consejo. Él nos hacía visualizar el futuro, y calcular el impacto de nuestras actitudes. Y después venía la instrucción: "Ahora, haga así y…"

El consejo previene; la instrucción lo hace progresar.

Este es el modelo que aplico a mis hijos hoy.

Hubo un tiempo cuando Jeanine me llamó cuando yo estaba viajando para una conferencia en la Argentina. Cuando atendí, ella dijo: "Amor, así que llegues a casa conversas con tu hija". Cuando la esposa dice: "¡Tu hija!" es porque el caso es serio.

Tomé el avión ese mismo día que recibí la llamada. Fui hasta el aeropuerto de Córdoba, pagué la multa por anticipar el vuelo, y regresé para casa. Cuando llegué, fui directo a hablar con Julia. La miré a los ojos, y en aquel momento deseé profundamente saber cómo lidiar con aquella situación.

Las palabras que venían a mi mente eran "consejos e instrucción". Y eso fue lo que hice. Con el consejo pude prevenirla, con la instrucción la hice progresar.

Consejos e instrucción no siempre generan resultados inmediatos. Aún así, este es el camino de la educación.

Escuchar activamente

Las personas que todavía no se han actualizado tienen muchas dificultades en escuchar. Escuchar activamente es parte de las cualidades de un líder entrenador y mentor. Para que desarrolle personas y las instruya, primero tendrá que conocerlas y entenderlas.

Escuchar con paciencia, y colocarse en el lugar del interlocutor le va a dar autoridad en esta relación. Las personas necesitan ser escuchadas. Ellas tienen necesidad de tener un líder que les oiga.

Muchos ya me buscaron pidiendo ayuda: "Tiago, no me gusta oír a las personas, ya tengo mis problemas. No puedo quedarme minutos u horas oyendo a alguien".

Siempre respondo que una característica de ese nuevo modelo de liderazgo que está naciendo es también hacer con excelencia aquello que NO nos da placer. Hacemos lo que tiene que ser hecho; lo que genera resultados. No estamos preocupados con la tacañería de nuestras voluntades, y sí con el bien colectivo.

La escucha activa es el proceso de comunicación en que el receptor interpreta y comprende el mensaje que el emisor le transmite.

Es importante que comprenda totalmente el significado del mensaje que recibe, pues normalmente una buena parte de la información que escuchamos durante una conversación no llega correctamente o es mal interpretada por el oyente, principalmente porque mucho de esa comunicación fue hecha de forma no verbal (o sea, por medio de lenguaje corporal).

De esta forma, desarrollar el "arte" de escuchar es esencial para tener una comunicación apropiada y eficaz. Es preciso comprender la perspectiva del otro para poder mentorearlo ofreciendo toda la atención, y estando disponible para el que tiene que decir.

Es necesario notar los gestos y emociones demostrados durante este proceso de comunicación. Algunos son muy simples de ser notados. A veces hacemos una pregunta, y la persona mira para arriba antes de responder. La Neurociencia explica que eso significa que la persona está buscando una región del cerebro dónde encontrar diversas respuestas para sus preguntas. Ella te puede decir la verdad, o manipular y entregarte una mentira.

Sabiendo eso y estando atento a las señales, la interpretación del mensaje será correcta antes de la opinión del mentor.

El secreto de Salomón

Siempre escuchamos que Salomón fue el hombre más rico y sabio que pasó por la tierra. Interpretamos que eso se dio porque él pidió sabiduría a Dios cuando tuvo la oportunidad.

Pero como el cuestionamiento es el principio de la inteligencia, no pude aceptar que un adolescente en aquella época, que podía pedir cualquier cosa, pidió justamente sabiduría. Los adolescentes, generalmente, piden cosas inmediatas y superficiales. Salomón pidió algo eterno y profundo. No tenía sentido por la edad que él tenía. Mas cuando cuestionamos, provocamos respuestas. Y ella vino. Me atrevo a transmitir mi perspectiva de este acontecimiento.

Observen esas palabras del propio rey Salomón en Proverbios 4:3 al 27 (NBLH). Se refiere a los consejos e instrucciones que recibió de su padre, el rey David.

> *Cuando yo fui hijo para mi padre, tierno y único a los ojos de mi madre, entonces él me enseñaba y me decía: "Retenga tu corazón mis palabras, guarda mis mandamientos y vivirás. Adquiere sabiduría, adquiere inteligencia; no te olvides ni te apartes de las palabras de mi boca. No la abandones y ella velará sobre ti; Amala y ella te protegerá. Lo principal es la sabiduría; adquiere sabiduría, y con todo lo que obtengas adquiere inteligencia. Estímala, y ella te ensalzará; ella te honrará si tú la abrazas (vs. 3-8).*

Del versículo 6 al 27 podrá leer las instrucciones del rey David a su hijo Salomón. Aquí vemos una sesión histórica de mentoría. Salomón solo pidió sabiduría al Creador, ¡porque fue mentoreado para buscar eso!

Quiero decir que nuestras decisiones son afirmativas cuando estamos influenciados por la instrucción correcta, independiente de nuestra edad y situación.

Aquí es revelado el secreto del hombre más rico y sabio que ya existió: mentoría desde la tierna edad.

Por cierto, si quieres formar sucesores y no solo herederos, cuanto más temprano comiences a mentorear a tus hijos, mayor será el radio de influencia de ellos. En las elecciones de la adolescencia sabrán decir no; las decisiones de la juventud serán afirmativas. En la fase adulta prosperarán en las semillas que plantaron durante la vida.

Proverbios 22:6 (NBLH) dice eso bien claro.

Instruye al niño en el camino que debe andar, y aun cuando sea viejo no se apartará de él.

Lo que los padres olvidan es que aconsejar e instruir, o sea, mentorear, lleva tiempo y mucha dedicación. Separar momentos del día para eso es fundamental para construir sucesores.

Pienso, en un futuro próximo, escribir sobre los desafíos de la familia actualizada: matrimonio, crianza de los hijos, convivencia colectiva. Creo que a través del conocimiento, podemos aliviar el dolor en el cual las familias están sumergidas hoy. Será necesario tener fe e inteligencia, caminando de las manos, para que surja la esperanza.

La figura paterna siempre será la esencia del mentor, pues la paternidad genera una protección y una provisión destinadas para los hijos.

No juzgue

Otra fuerte característica de una Vida Actualizada es que ella no juzga a nada y a nadie (en el sentido de condenación). Es una vida libre de preconceptos. Filtra su propia alma antes de discernir la del prójimo. No juzgar es una orden clara del mayor mentor que la humanidad ya tuvo.

Aconsejo, instruyo y hago mentoría con algunos líderes de la nación: políticos, pastores, deportistas, empresarios, altos ejecutivos. Siempre cuando escucho, me reservo mis preconceptos, y olvido mi "credencial de juez" en la "mesita de noche" de mi mente. Entiendo que no fui llamado para opinar o emitir juicio sobre alguien. Mi misión es instruir hasta que salgan de la situación en que se encuentran.

Los líderes que viven en el modelo antiguo tienen placer de escuchar historias para poder juzgar. Los líderes de esa generación descubrirán quiénes son; sacarán la viga de sus ojos antes de apuntar la paja de los ojos de otros. Ellos aman aconsejar, aman enseñar, saborean los resultados de su equipo y sus pupilos.

Juzgar es suponer algo de alguien por la apariencia, forma, actitudes, condiciones o comportamiento. Creo que ningún ser humano está habilitado para juzgar a otro; mucho menos un mentor.

"No juzguéis, para que no seáis juzgados" (Mateo 7:1 RVR 1960).

¡Sin disculpas!

Atiendo de forma *on-line* como mentor y *coach*, a más de 40 personas dispersas por las Américas. Algunos son líderes influyentes, otros, personas comunes buscando crecer en la vida. No hay más disculpas de tiempo o distancia. Está en sus manos encontrar un mentor, y no soltarlo. La Internet aproximó propósitos.

Cuando escribía este capítulo, atendí por 40 minutos a una joven señora vía *skype*. Ya habíamos hechos algunas sesiones de *coaching* personalmente con ella. Mas ahora, Melina (nombre ficticio) necesitaba urgentemente tomar una decisión, y me accionó.

Ella estaba muy feliz, pues fue convidada por la cuñada a ser parte de una sociedad en un consultorio médico. La primera cosa que pregunté fue: "¿Por qué usted quiere entrar en este negocio? ¿Por qué está feliz? ¿Vamos a identificar juntos la verdadera motivación de todo eso?".

Ella en silencio. Se rascó la cabeza y dijo: "Creo que quiero tener un tiempo nuevo en mi vida. Ganar más, y aún mejorar mi autoestima".

"Entonces ¿está usted infeliz con su vida actual?". "No", dijo ella. "Apenas incompleta."" ¿De cuánto es la propuesta de la sociedad?", pregunté. "70% para ella y 30% para mí", dijo Melina. "¿Y usted está contenta con eso?". "Me estoy sintiendo menos'. Y por ahí fue...

En apenas 40 minutos analizamos las motivaciones, montamos un plan de negocio, reforzamos lo emocional de ella para las próximas reuniones, hicimos una lista de prioridades, calculamos el impacto de la decisión si todo diese errado. ¿Quién sería afectado, cómo sería...? En apenas 40 minutos, la decisión fue tomada. Y fue ¡afirmativa!

Mas con la confusión mental en que ella estaba, con el fervor de las emociones, con la ceguera de la euforia de un nuevo tiempo, ¿cómo sería su decisión sin mentoría?

Cuando somos mentoreados hacemos cosas que no sabíamos que éramos capaces de hacer. Descubrimos que en nosotros hay mucho más de lo que pensábamos. Evitamos errores, bloqueamos conflictos. Entendemos motivaciones, evaluamos riesgos.

> **NUESTRO FUTURO ES CONSTRUÍDO POR LAS DECISIONES QUE TOMAMOS, Y NO POR LAS DISCULPAS QUE DAMOS.**

Estar cubierto por consejos e instrucciones nos garantiza un futuro. Él continuará imprevisible, mas ciertamente será menos doloroso y con más éxito.

Nuestro futuro es construído por las decisiones que tomamos, y no por las disculpas que damos.

Dios te puede levantar de un fracaso, pero jamás de tus disculpas.

CAPÍTULO 3
EL CÓDIGO DE LA SABIDURÍA

26% actualizado

"El conocimiento es saber que el tomate es una fruta; La sabiduría es no ponerlo en una ensalada de frutas." Anónimo

¡Imagínate con la fuerza de 20 años de edad y con la madurez de los 60! La fuerza casaría con la lucidez, la esperanza con las probabilidades. La fe y la inteligencia irían a caminar de la mano.

Hoy en día, con el avance de la medicina, es posible mantener la salud y la energía física en aumento, independientemente de su edad "real". Pero el desafío es: ¿Cómo llegar a la madurez, si ella es un fruto de la sabiduría?

SI ALCANZAMOS LA SABIDURÍA, TENDREMOS DERECHO SOBRE SUS FRUTOS.

Si conquistamos la fuente, tendremos derecho a sus corrientes. Si alcanzamos la sabiduría, tendremos derecho sobre sus frutos.

El capítulo que está leyendo ahora es la llave que abre el cuadro de lo que necesita para cumplir su destino en esta tierra. Se trata de una herramienta de actualización valiosa. ¡La tercera fase de la actualización de su vida!

ACTUALIZACIÓN 3: LA SABIDURÍA ES UNA RED ILIMITADA DE INFORMACIONES, CONOCIMIENTOS, PREGUNTAS Y RESPUESTAS.

Funciona como *Wi-fi*. Sin embargo, para entrar a ella son necesarios códigos o contraseñas que permitan el acceso.

Así como la mentoría, la sabiduría tiene el poder para confrontar al ser humano y llevarlo a un nivel más alto de lo que se encuentra actualmente.

Muchos de nosotros nos conformamos solamente viviendo en un ambiente donde hay *Wi-fi*, aunque no estemos conectados. Es como estar en el aeropuerto de Sao Paulo, donde por lo general embarco para mis eventos. Una vez que entro en el vestíbulo del aeropuerto, mi teléfono se conecta automáticamente a la red, y los mensajes de *WhatsApp* comienzan a llegar a la pantalla.

Pero cuando intento responderlos, me doy cuenta que no estoy conectado de forma permanente. Por lo tanto, tengo que abrir otra ventana en el navegador e introducir una contraseña. Solo después de eso, el acceso es vuelve ilimitado.

¿Cuáles son los códigos que desbloquean la red invisible e infinita del conocimiento?

Debemos entender que para llegar a la dimensión en que la sabiduría se encuentra, no basta solo tener entendimiento. Se necesita conocimiento.

Albert Einstein (1879-1955), el físico teórico alemán, dijo una vez: "La experiencia es la única fuente de conocimiento".

Solo alcanzarás a entender lo que pruebas. Porque sin antes pasar por la experiencia, solo alcanzarás a entender.

En una conferencia que enseñé en un país de América Central, pregunté a los participantes si alguno de ellos no sabía andar en bicicleta. Una señora levantó la mano. Entonces dije: "Señora, voy a explicarle detalladamente cómo montar una bicicleta. ¡Preste mucha atención!".

Después, demostrándolo físicamente, le dije: "Imagínese una bicicleta delante de mí. Es de color plateado y tiene un asiento negro. Ahora pase su pierna derecha por encima, y mantenga su pierna izquierda bien firme como soporte de movimiento. Ahora, siéntese y apoye las dos manos en el manubrio".

Continué diciéndole: "Ahora ponga sus pies en el pedal y empiece a empujar la bicicleta para entrar en movimiento. Pero equilíbrese con las dos manos, y cuando todo empiece a temblar, no deje de pedalear. ¿Entendió cómo es?". La señora respondió, sonriendo: "¡Sí!".

Me dirigí hacia el resto de la audiencia, y les pregunté: "¿Qué creen que sucederá si ella viene aquí y realmente intentara montar en la bicicleta?". Todos unánimes respondieron: "¡Se caerá!". Estuve de acuerdo, sin embargo, continué insistiendo: "¡Pero ella dijo que entendió cómo hacerlo!" (intentando que ellos indagaran sus pensamientos). Esa pregunta dejó a todos muy pensativos.

Entonces les dije: "La señora entendió, pero no aprendió. Porque sin la experiencia de andar en bicicleta, y sin que lo intente y caiga muchas veces, ella nunca va a aprender". Seguí diciendo: "Y si ella aprendiera a través de la experiencia y después de 20 años sin montar en bicicleta, decide manejar de nuevo, ¿ustedes creen que podría lograrlo?". "¡Claro que sí!", alguien dijo, y todos estuvieron de acuerdo. Les dije: "Sí, una vez que aprendemos, jamás nos olvidamos".

Podemos olvidarnos de conferencias y talleres que participamos, predicaciones que escuchamos y libros que leímos, o materias que "estudiamos". Pudimos haber entendido lo que se nos dijo o se nos explicó, pero realmente nunca aprendimos.

La comprensión puede ser colectiva. El aprendizaje es individual.

Todos deberíamos estudiar en casa todo lo que hemos entendido durante el día, encerrándonos unos minutos todos los días.

Pierluigi Piazzi (1943-2015), un profesor de italiano, brasileño y famoso profesor de cursos pre-universitarios, dice en su libro *Estimulando la inteligencia* que una de sus mayores frustraciones como profesional fue recibir a los estudiantes que habían completado la escuela secundaria con excelentes calificaciones y el currículo ejemplar, pero que en realidad, no habían aprendido nada. No sabían leer con fluidez, escribir correctamente, y no eran pensadores. Para ellos entender cálculos matemáticos era como leer Braille. Podían ver, pero no entendían nada de esos códigos.

¿Qué es eso?

El profesor Pier, como era conocido, afirma que la mayoría de nosotros estudiamos solo para pasar la prueba, y no para aprender. Y que solo queremos sobrevivir el siguiente reto, pero no pensamos a largo plazo.

Estos son los reflejos de una vida desactualizada que todavía no entró a la universidad de la sabiduría. La inteligencia, que es la puerta que conduce a la sabiduría, está en la esfera del entendimiento. La sabiduría va de la mano del conocimiento.

El libro de Job, el más antiguo libro bíblico cronológicamente hablando, revela en el capítulo 28: 12-13 (DHH): "*¿Pero de dónde viene la sabiduría? ¿En qué lugar está la inteligencia? El hombre no sabe lo que ella vale, ni la encuentra en este mundo*".

Aquí vemos que, a diferencia de la inteligencia, la sabiduría no se puede desarrollar de una forma natural. Es necesario trascender de mente y de corazón humanos para atesorarla en su interior.

La sabiduría de Dios para los teólogos fue una cuestión agotadora en el primer siglo de la era cristiana. De acuerdo con los escritos antiguos, ella puede ser adquirida empíricamente a través de mentores, y también por medio de una fe inquebrantable. Hay un dicho de un autor desconocido que me llamó mucho la atención: "Inteligencia es aprender de nuestros propios errores. Sabiduría es aprender de los errores de los demás".

Quiero decir que para obtener sabiduría, entre otras cosas, debemos ser excelentes observadores, pensadores, y tener tutores con experiencia.

Por otra parte, el libro bíblico de Santiago (identificado por los teólogos como el hermano de Jesús) dice: *"Y si alguno de vosotros tiene falta de sabiduría, pídala a Dios, el cual da a todos abundantemente"* (Santiago 1:5 RVR 1960).

Solo la recibirá quien la pide y la busca sin descanso. Como podemos ver, es algo divino.

En el libro de Proverbios de Salomón, tenemos acceso a los versos revolucionarios como: *"Cuando Dios creó el mundo y dividió el mar de la tierra, cuando estableció las medidas de las montañas, yo (la sabiduría) estaba con él y era su arquitecto"* (Proverbios 8: 27-36 NBLH).

Eso mismo. Mientras que Dios formaba el mundo, de acuerdo a las Escrituras, la sabiduría era la que daba las medidas. ¿Cuál es el trabajo de un arquitecto? Diseñar, dimensionar, sugerir, calcular, proyectar.

Pues bien, la sabiduría está en la eternidad, como leímos en Job 28. Por lo tanto, no tiene principio ni fin. Es atemporal. Por eso quien la tiene, siempre estará por delante de su tiempo.

"Yo, la sabiduría, habito con la prudencia" (Proverbios 8:12), dijo Salomón. Pero, ¿qué es la prudencia?

En mi enfoque personal, yo diría que la prudencia es calcular el impacto de una decisión. Si "nuestro futuro es creado por nuestras decisiones", como dice Anthony Robbins, reconocido conferencista y *coach* estadounidense, sin prudencia tendremos un destino terrible.

Pero solo es posible calcular las cosas si tenemos sabiduría. De esa manera solo podremos estar antes de tiempo, e imaginar las consecuencias de los caminos por los que decidamos ir.

Uno de los grandes conquistadores del Nuevo Mundo, el conquistador español Hernán Cortés quemó todas las embarcaciones de su tripulación poco después de desembarcar con su equipo en el Perú, para asegurarse que nadie pensara en volver al Viejo Mundo, y renunciar a la misión. La única oportunidad de volver a casa se encontraba en llamas, así que toda la atención se centraría en cumplir la misión y construir el futuro.

Lo mismo se aplica con el profeta Eliseo, cuando Elías lanzó su manto sobre él, como un signo de elección para su sucesión. Él labraba con bueyes, se despidió de sus padres. Luego mató a todos los bueyes, y quemó todos los aparatos que utilizaba para trabajar. Así nunca pensaría en volver atrás, debido a que su pasado fue desmantelado (Vea 1 Reyes 19-21).

Si Dios "contrató" a la sabiduría para que le diera las medidas para Él construir el mundo, ¿por qué tú estás construyendo tu vida sin ella?

La sabiduría señala el camino hacia el futuro, y destruye las posibilidades de volver atrás.

> **LA SABIDURÍA SEÑALA EL CAMINO HACIA EL FUTURO, Y DESTRUYE LAS POSIBILIDADES DE VOLVER ATRÁS.**

Es importante saber que fuimos expuestos a los medios de comunicación, publicidad y otros medios que nos hicieron consumistas. Me refiero a que a menudo, solo nos actualizamos para adaptarnos a las exigencias de las empresas de mercadeo, y no por las nuevas herramientas que tenemos para usar en la construcción de nuestros proyectos en esta tierra.

La motivación cuenta mucho cuando se trata de buscar la sabiduría. Pregunte por ella, búsquela, espérela y deséela, si la finalidad que espera es la contribución colectiva.

Nadie se convierte en sabio para sí mismo. Tenemos un acuerdo con la humanidad.

La base de la sabiduría

La inteligencia espiritual es la base de la escalera para la sabiduría. Es el fundamento del edificio del conocimiento. Yo diría que tener sabiduría es una consecuencia del desarrollo de la inteligencia espiritual.

Pablo, el apóstol, hablaba mucho de este tipo de inteligencia. En Colosenses 1: 9 (DHH), que ejemplifica el pensamiento apostólico sobre el tema, dice:

> *Por esto nosotros, desde el día que lo supimos, no hemos dejado de orar por ustedes, y de pedir que les haga conocer plenamente su voluntad y les dé toda clase de sabiduría y entendimiento (o inteligencia) espiritual.*

Aristóteles, el filósofo griego, alumno de Platón, en una de sus citas famosas, dijo: "La duda es el principio de la sabiduría".

En particular, el enfoque bíblico siempre hace más sentido para mí. Él dice: *"El principio de la sabiduría es el temor de Jehová"* (Proverbios 1:7 RVR 1960).

¿Cuál es la diferencia entre la duda y el temor?

La duda es una condición psicológica o un sentimiento caracterizado por la ausencia de la convicción, la creencia referente a una idea, hecho, acción, afirmación o decisión. El temor es la falta de tranquilidad, sensación de amenaza o de miedo, sentimiento de profundo respeto y obediencia.

Tranquilidad se refiere a la zona de confort. Bajo amenaza (o presión) es que producimos los mejores resultados. Pero con sentimiento de profundo respeto y obediencia somos aceptados. Por lo tanto, el temor le saca de la zona de confort, produce mejores resultados, y le hace caminar en honor y ser aceptado.

Sí... Creo que el temor del Señor es el principio de la sabiduría. El temor del Señor es el que nos dá referencia de la ética y la moral, un tema tan discutido por los filósofos y psicoanalistas en todo el mundo.

En el 2013, durante un viaje de estudios que hice a Grecia, leí una cita de un poeta griego llamado Píndaro, que decía: "La sabiduría es el conocimiento sazonado por la ética".

Es esta ética que muestra el bien y el mal, lo que se debe y lo que no se debe hacer. Vivimos en una crisis de corrupción como nunca antes en la escena política internacional, especialmente en el caso de Brasil y América Latina.

¿Qué es lo que hace que la gente critique al gobierno, pero infrinja las leyes pequeñas, como andar sobre la parada de emergencia cuando no hay cámaras filmándole, o irse sin pagar el estacionamiento, o darle un "café" al policía cuando le sorprende transitando por las calles sin el documento del vehículo o con el permiso de conducir vencido (este ejemplo tiene sentido en América Latina)?

La ética y la moral son frutos del temor del Señor, y ese es el principio de la sabiduría. ¿Entiende? No hay que criticar la oscuridad, necesitamos encender la luz. ¡Eso es suficiente!

Agustín de Hipona (354-430 DC), un obispo y teólogo cristiano claramente influenciado por la filosofía platónica, dijo en sus escritos que "donde no hay paciencia, no hay lugar para la sabiduría".

La paciencia se refiere al tiempo. No es de la noche a la mañana que alcanzamos este regalo. Ver el cambio y la actualización que esperamos en nosotros y en los que nos rodean requiere de paciencia. Pero cuando entramos en esta red ilimitada, nos damos cuenta de que valió la pena toda la espera, pues ahora tenemos acceso a valiosas informaciones.

Cuando hacemos cambios en nuestra forma de hablar, oímos más, pensamos mejor, y nos volveremos más significativos. Somos potencializados. Tenemos relevancia.

En nuestra ignorancia, por muchos años pensamos que esto era función de la fe. Creíamos que con el simple hecho de ir a una iglesia o ser parte de una religión, estaríamos siendo transformados en mejores personas. Pero no es así.

Dale C. Bronner, pastor y hombre de negocios americano, en su libro *Cambie su Trayectoria* (Whitaker House, 2015), dice que "la fe no es un sustituto de la sabiduría". Cuando leí esto, todo tuvo sentido para mí.

Abraham tuvo fe para obedecer a Dios, y sin tener ninguna garantía, salió de su tierra para un futuro incierto. Por no tener sabiduría para decidir dejar a Lot en Ur de los Caldeos, terminó llevándoselo, aunque la orden de Dios fue que tenía que dejar a todos sus parientes. Lot terminó siendo un problema para Abraham, haciendo que su camino fuera más pesado. Él estaba en el camino correcto, pero con las personas equivocadas (Vea Génesis 12-19).

La fe le hará seguir la ruta para el futuro, pero la sabiduría es la que determinará cómo usted va a llegar hasta allá.

Es por eso que muchos religiosos y espirituales no tienen una vida buena. La fe no cumple la misma función que la sabiduría. Podemos tener mucha fe, y eso nos dirigirá a nuestro destino. Pero sin la sabiduría nos vamos a perder en el camino. Terminaremos escogiendo a las personas incorrectas para nuestro caminar.

La sabiduría nos regala la sobriedad emocional, el equilibrio espiritual y la prosperidad financiera.

La sabiduría es el arma de los actualizados. ¡Ella es su *upgrade*!

Cuando la inteligencia trasciende lo humano, así nace la sabiduría.

> **CUANDO LA INTELIGENCIA TRASCIENDE LO HUMANO, ASÍ NACE LA SABIDURÍA.**

Después de tantos estudios y búsquedas que he venido haciendo hasta hoy, no creo que sea posible alcanzar sabiduría sin pasar por el tamiz de la inteligencia. Es como una escalera. La inteligencia es un escalón que no se puede desviar. Por eso antes de buscar la sabiduría, desarrolle la inteligencia.

Una instrucción contínua marca la diferencia entre el inteligente y el sabio. El sabio nunca deja de ser instruido. Él jamás se priva de transferir su conocimiento a otros. El sabio no cree que sabe o que entiende más cosas que los demás. Tiene una plena convicción de que mientras más conocimiento adquiere, tiene la certeza de que nada sabe.

El inteligente puede ceder a estas tentaciones. Yo conocí y conviví con grandes maestros del conocimiento. Son científicos que más que doctores, eran especialistas en todo lo que hacían. Andar con ellos era como una carga pesada, porque son inflexibles en su forma de pensar y en sus opiniones. Ponen en descrédito todo lo que no dominan, y son muy enfocados en sí mismos. En toda regla hay excepciones, pero por lo general, los muy inteligentes que no se volvieron sabios en algún momento dejan de aprender.

Pero el camino que nos mantendrá en constante ascenso es el de la actualización. El sabio se actualiza diariamente.

Uno de los lugares más especiales que visité en este planeta fue la ciudad de Éfeso en Turquía. Me acuerdo de entrar en los tres kilómetros de la ciudad antigua, pero bien preservada para mi asombro. Viendo aquel escenario arquelógico estremecedor, me conmoví con la ciudad bíblica, hoy en pedazos, con la biblioteca de Éfeso, y con la estatua que representaba la sabiduría.

Sophia es el nombre de la sabiduría humana. Teosofía es la sabiduría de Dios. Los griegos no eran monoteístas; por eso para ellos la sabiduría era su dios. El antiguo mundo reconocía con altísima honra el valor del saber. ¿Qué fue lo que sucedió con nuestra generación? Hay tanta información, ¡pero ninguna actualización!

Creo que Platón fue infeliz en su declaración: "Debemos aprender durante toda la vida, sin imaginar que la sabiduría viene con la vejez".

Me di cuenta que la sabiduría está en el camino, y no en el destino. Ella es inalcanzable, pero a la vez está siempre cerca.

Las ventajas de la sabiduría

Porque la sabiduría protege lo mismo que el dinero, pero la sabiduría tiene ventaja de darle vida al sabio (Eclesiastés 7:12 DHH).

La persona que encuentra la sabiduría...

1. Hablará menos y escuchará más.

2. Perderá el interés de hablar de los demás, porque sabe de las consecuencias.

3. Aprenderá a gastar menos de lo que gana.

4. Aprenderá a solucionar los problemas difíciles.

5. Entenderá mejor el lado de los otros.

6. Calculará matemáticamente todas sus decisiones.

7. La razón tendrá el comando de la emoción.

8. Pasará a querer seguir enseñando, y aprendiendo mucho más.

9. Se conectará con personas correctas.

10. Lo empírico será más valioso que lo académico.

11. Discernirá las personas.

¡Entonces comenzará a vivir!

El gran líder sudafricano que luchó por la libertad, la justicia, y la democracia, Nelson Mandela (1918-2013), citó en su libro una frase que estaba en la carta que le escribió a Fátima Meer (1928-2010), escritora surafricana y activista anti-apartheid, cuando estaba preso en la Isla Robben en 1976. Decía así: "Una buena cabeza y un buen corazón siempre formarán una muy buena combinación".

Cuando la cabeza (razón) está en equilibrio con el corazón (emoción), tendremos muchos resultados, pero un solo fruto: la sabiduría.

Lecciones de Proverbios para una Vida Actualizada

1:8 (DHH): *"Hijo mío, atiende la instrucción de tu padre y no abandones la enseñanza de tu madre."*

La sabiduría comienza a ser adquirida desde la infancia.

2:2 (DHH): *"Presta oído a la sabiduría; entrega tu mente a la inteligencia."*

3:7 (DHH): *"No te creas demasiado sabio…"*

> **QUIEN PARA DE APRENDER, COMIENZA A MORIR.**

¡No creas que lo sabes todo! Quien para de aprender, comienza a morir.

3:16 (DHH): *"Con la derecha ofrece larga vida (la sabiduría), y con la izquierda riquezas y honores."*

Ahora ya sabes dónde buscar estas cosas.

4:13 (DHH): "Aférrate a la instrucción y no la descuides; ponla en práctica, pues es vida para ti."

Instruirse es cuestión de sobrevivencia.

5:15 (DHH): "Calma tu sed con el agua que brota de tu propio pozo."

La sabiduría te enseña a contentarte con lo que ya tienes.

6:6 (DHH): "Anda a ver a la hormiga, perezoso; fíjate en lo que hace y, aprende la lección."

Por lo tanto, un perezoso nunca será sabio, porque las dos cosas no son compatibles.

7:4 (RVR 1960): "Di a la sabiduría: Tú eres mi hermana, y a la inteligencia llama parienta."

Este versículo se refiere a la protección de la sabiduría, así como nuestra familia nos protege.

8:36 (RVC): "El que peca contra mí, se daña a sí mismo; el que me aborrece, ama a la muerte."

9:8 (NTV): "... corrige a los sabios, y te amarán."

Solamente los sabios saben el valor que tiene la corrección.

9:9 (DHH): "Dale al sabio, y se hará más sabio..."

Solo los sabios aman la enseñanza.

9:10: "El principio de la sabiduría es el temor del Señor; el conocimiento del Santo es inteligencia."

Es por eso que el mundo no necesita conocer una religión. Necesita conocer lo santo. Solo así habrá prudencia para no hacer guerras, no ser injustos, y no admitir la corrupción.

10:1 (RVC): *"El hijo sabio alegra a su padre; el hijo necio entristece a su madre."*

La sabiduría siempre nos conducirá a honrar a nuestros padres.

10:19 (RVC): *"En las muchas palabras no falta el pecado; el que es prudente refrena sus labios."*

Hablar poco es tener sabiduría.

11:2 (RVC): *"Con la soberbia llega también la deshonra, pero la sabiduría acompaña a los humildes."*

Es imposible ser sabio sin ser humilde. La sabiduría está lejos de la soberbia.

11:13 (RVC): *"Quien es chismoso da a conocer el secreto; quien es ecuánime es también reservado."*

Todo aquel que es sabio sabe guardar secretos. Quien los revela nunca llegó a conocer la sabiduría.

12:20 (RVC): *"En la mente malvada habita el engaño; entre los que promueven la paz hay alegría."*

Los consejos de los sabios siempre son de paz.

13:10 (RVC): *"La soberbia es la madre de las contiendas, pero en los ingeniosos se halla la sabiduría."*

La sabiduría nunca está donde la soberbia se encuentra. Ella está disponible en los consejos.

14:23 (RVC): *"Toda labor rinde sus frutos, pero el hablar por hablar empobrece."*

Con la sabiduría no solo planeamos, también ejecutamos.

14:29 (RVC):   *"Enojo lento, gran inteligencia; espíritu impaciente, demasiada necedad."*

La mansedumbre y el dominio propio son amigos de la sabiduría, pero la impaciencia lleva a la necedad.

15:22 (RVC):   *"Los planes fracasan por falta de consejos, pero triunfan cuando hay muchos consejeros."*

Reitero: La sabiduría está en los consejos. Y la mentoría es también la suma de ellos.

15:33 (RVC)   *"El temor del Señor corrige y da sabiduría; antes que honra, humildad."*

Este versículo debería imprimirlo, y ponerlo en la puerta de tu closet o en el espejo de tu baño, para que lo leas todos los días.

16:16 (RVC):   *"Ganar sabiduría e inteligencia es mejor que adquirir oro y plata."*

Quien lo dijo fue el hombre más rico que existió en este mundo. Él entendió que la sabiduría y la prudencia eran mejores que el oro y la plata.

17:28 (RVC):   *"Cuando el necio calla, pasa por sabio; cuando no abre la boca, pasa por inteligente".*

Una vez más, la sabiduría nos muestra la importancia de hablar poco.

18:15 (RVR 1995):   *"El corazón del inteligente adquiere sabiduría, y el oído de los sabios busca la ciencia."*

La Biblia cita más de 900 veces en el Antiguo y Nuevo Testamento la palabra corazón, refiriéndose al centro de las emociones. Hoy con el avance de la ciencia, podemos entender que la Biblia se refería al cerebro. El oído es la puerta de entrada de uno de los principales sentidos que procesa el pensamiento humano: la audición.

Entonces en este versículo podemos interpretar que el conocimiento es almacenado en el cerebro, la sabiduría se recibe a través de lo que escuchamos, y de esa manera formateamos nuestros pensamientos.

El propio Salomón dice: *"Porque cual es su pensamiento en su corazón, tal es él"* (Proverbios 23:7 RVR 1960).

19:8 (RVC): *"El que tiene cordura se ama a sí mismo; el que obedece a la inteligencia halla el bien."*

Cordura e inteligencia son los primeros escalones de la escalera que le llevan a la sabiduría.

20:21 (RVC): *"Al principio, se adquieren bienes de prisa; al final eso no es ninguna bendición."*

La sabiduría nos orienta a no hacer nada fuera de tiempo.

21:30 (RVC): *"Ante el Señor nada vale el sabio, ni el inteligente ni el consejero."*

Sin conexión espiritual, nunca entenderemos la sabiduría.

El Capítulo 22 del libro de Proverbios necesita una atención especial.

22:1 (RVC): *"Mejor tener buena fama que mucha riqueza; la buena fama es mejor que la plata y el oro."*

22:4 (RVC): *"El Señor recompensa a los que le temen con riquezas, honra y vida, si son humildes."*

22:6 (RVC): *"Enseña al niño a seguir fielmente su camino, y aunque llegue a anciano no se apartará de él."*

22:24-25 (RVC): *"No tengas nada que ver con gente violenta, ni te hagas amigo de gente agresiva para que no imites su conducta y tú mismo te tiendas una trampa."*

Como leímos arriba, aprendemos a imitar "los caminos" de aquellos con los que convivimos. La sabiduría te hará exigente a la hora de escoger a los que estarán a tu lado.

22:29 (RVC): "Cuando veas a alguien que hace bien su trabajo, no lo verás entre gente de baja condición, sino que estará en presencia de reyes."

Sé el mejor en lo que haces. Porque en los palacios solo entran aquellos que tienen cualidades para estar delante de reyes.

> **EN LOS PALACIOS SOLO ENTRAN AQUELLOS QUE TIENEN CUALIDADES PARA ESTAR DELANTE DE REYES.**

23:1-2 (RVC): "Cuando te sientes a la mesa de un gran señor, piensa bien en presencia de quién estás. Ponte un cuchillo en la garganta y refrena en lo posible tu apetito."

23:4 (RVC): "No te entusiasmes por hacerte rico; usa tu buen juicio y desiste de esa idea."

23:12 (RVC): "Abre tu corazón a la enseñanza, y tus oídos a la palabra del saber."

23:23 (RVC): "La verdad y la sabiduría, la enseñanza y la inteligencia, son algo que debes comprar y nunca vender."

24:3 (RVC): "La casa se edifica con sabiduría y se afirma con inteligencia."

24:6 (RVC): "Porque la guerra se hace con buenos planes, y la victoria se obtiene con muchos consejos."

¿Cuántos consejeros tienes actualmente?

24:10 (RVC): *"Si en momentos difíciles te rindes, muy limitada es la fuerza que tienes."*

24:13-14 (RVC): *"Hijo mío, prueba la miel, que es buena; dulce al paladar es la miel del panal. Así de dulce te será la sabiduría. Si la encuentras tendrás tu recompensa, y al final tu esperanza no se verá frustrada."*

24:17-18 (RVC): *"No te alegres cuando caiga tu enemigo; que no se alegre tu corazón cuando él tropiece, no sea que el Señor lo vea, y le desagrade y deponga su enojo contra él."*

25:6-7 (RVC): *"No te alabes en presencia del rey ni ocupes un lugar entre gente importante. Es mejor que se te invite a subir y no ser humillado en presencia del príncipe."*

25:8 (RVC): *"No lo pongas en seguida en disputa, no sea que al final no sepas qué hacer, y tu prójimo acabe por ponerte en verguenza."*

Con sabiduría evitarás guerras, discordias, litigios. Con ella entenderás el valor de la paz.

25:16-17 (RVC): *"Si encuentras miel, come sin hartarte: no sea que te hasties y la vomites. Aleja tus pasos de la casa del vecino, no sea que harto de ti, acabe por odiarte."*

La sabiduría te da equilibrio.

25:21 (RVC): *"Si el que te odia tiene hambre, dale de comer, y si tiene sed, dale de beber."*

25:27 (RVC): *"No conviene comer mucha miel, ni tampoco procurar la propia gloria."*

27:2 (RVC): "Es mejor que te alabe gente extraña, y no que te alabes tú mismo."

Estos dos versículos son esenciales para quien está anhelando cargos de liderazgo. Deja que los otros te hagan mercadeo.

27:6 (RVC): "Son más confiables las heridas del que ama, que los falsos besos del que aborrece."

28:13 (RVC): "El que encubre sus pecados no prospera; el que los confiesa y se aparta de ellos alcanza la misericordia divina."

29:9 (RVC): "Cuando el sabio entra en pleito con el necio, el necio no deja de reírse ni de burlarse."

Nunca discutas con el necio. No entres en conflicto con el ignorante. Siempre saldrás perdiendo.

29:15 (RVC): "La vara y la corrección imparten sabiduría, pero el hijo consentido avergüeza a su madre."

Independiente de la generación en la que vivimos, los principios de la sabiduría son inmutables. Corregir al niño y orientarlo en el camino correcto sigue siendo un principio.

Sean actualizados. La fe es nuestro enlace con la eternidad, y la sabiduría es el camino más seguro para llegar allá.

CAPÍTULO 4
EL ARTE DE LA COMUNICACIÓN

27 % actualizado

"60% de sus problemas corporativos y familiares ocurren por la falta de comunicación o por una mala comunicación."

Entramos en el cuarto pilar de la actualización. Son 12 días en total, y acaso estés realmente leyendo un capítulo por día. Entonces estás en el cuarto día de este programa, exactamente casi a mitad del camino para conquistar una Vida Actualizada.

Ahora necesitas entender el valor y la importancia de la excelencia en la comunicación.

Una vez mi esposa y yo estábamos saliendo de un centro comercial, y fuimos a pagar el estacionamiento en una de las cajas. Ella preguntó al funcionario que conversaba con un guardia, cuánto tiempo ella tendría para salir del centro comercial después de pagar el *ticket*. El hombre le respondió: "Señora, hoy el precio es el mismo. Y lo que pague valdrá por todo el día." Ella pagó el valor, recogió el *ticket*, y salió.

Sonreí y pregunté si ella había entendido lo que él le había dicho. Ella movió la cabeza afirmando que sí mientras caminaba a una tienda para ver precios. Y todavía sonriendo la llamé, y le expliqué la equivocación.

Ahí estaba un claro ejemplo de una mala comunicación. Lo mismo ocurre todos los días en nuestras vidas y en los negocios.

En verdad mi esposa quería saber si después de pagar el *ticket*, ella podría quedarse en el centro comercial sin salir de prisa para irse, pero el joven que la atendió entendió que ella estaba preguntando si el precio era fraccionado o único.

Gracias a Dios, yo le avisé que hubo un error de comunicación, y salimos del centro comercial. Si nos hubiéramos quedado, hubiéramos tenido que pagar dos veces el *ticket*, hubiera tenido una tremenda discusión en la ventanilla, y lo peor es que nadie iba a asumir la culpa. Al final fue una falta de atención de los dos lados.

Pero en el mundo en que vivimos un error de comunicación cuesta muy caro. Cuesta personas, relaciones, sueldos, inversiones, y hasta el futuro.

Yo he entrenado líderes de varios segmentos en el Brasil y en el exterior, y siempre que lo hago, refuerzo que la comunicación no es solamente verbal. En verdad el lenguaje corporal habla de una forma mucho más fuerte.

Quién vio la serie americana en televisión *Lie to me*, entiende bien lo que digo.

Cuando las personas lo escuchan, están escuchando sus palabras, pero también interpretando sus gestos y actitudes. La programación neurolingüística PNL, ciencia que estudia las relaciones entre el cerebro humano y la lingüística, defiende la importancia de alinear lo verbal y lo corporal en el mismo propósito del mensaje que queremos transmitir.

Richard Bandler, americano y cofundador de la PNL, resalta la necesidad de que el ser humano desarrollado sea un especialista en el manejo de las expresiones faciales, tonos de voz, uso de las manos, y del lenguaje corporal en general. O sea, usted no puede estar hablando una cosa, y su cuerpo diciendo otra.

ACTUALIZACIÓN 4: ERES LO QUE COMUNICAS, Y NO SOLAMENTE LO QUE PIENSAS QUE ERES.

La primera impresión todavía es la que se queda.

La comunicación del primer encuentro influencia el tipo de relación que será establecida en el futuro. Para quien desea liderar, la primera impresión es importante, porque el cerebro almacena la información de lo que es y quién es la persona en los primeros minutos de la conversación.

Toda relación se basa en la interpretación de quién es la persona con la cual estamos relacionándonos. Este quién generalmente es definido por la forma en que una persona se expresa, y no solo por su fama.

El apretón de manos, mirar cara a cara, la seguridad en las palabras, y el tono de la voz causan una famosa primera impresión.

Siempre que soy presentado a alguien por primera vez, me preocupo por mi lenguaje corporal, y también el tipo de asuntos que voy a abordar. Generalmente mirando a la persona, la llamo por el nombre (Eso tiene una importancia significativa.), y le hago una pregunta que la incluya, la haga sentir segura, y la valore.

EN EL MUNDO EN QUE VIVIMOS, UN ERROR DE COMUNICACIÓN CUESTA MUY CARO.

Algún tiempo atrás, fui a una cena y me presentaron a un gran empresario de la ciudad, muy famoso en el ramo de la gastronomía. Cuando nos aproximamos, lo miré cara a cara y le dije: "Pedro, un placer en conocerte. He escuchado hablar del éxito de tus restaurantes. Dicen que tienes el mejor bacalao de la ciudad". Lo elogié sonriendo.

Pedro también sonrió, y comenzó a contar su historia. Me quedé 20 minutos escuchando, sin quitar los ojos y la atención de él. Luego nos despedimos, y cada uno se fue para su mesa.

Al final un amigo vino a comentar que Pedro lo abrazó y le dijo: "¡Gracias por presentarme a este hombre fantástico! Él es muy inteligente y educado. Me gustaría tenerlo conmigo como invitado en nuestros restaurantes".

Lo que hice fue dar unas palabras, hacer una pregunta, lo escuché por 20 minutos, y eso fue todo.

La expresión del cuerpo denuncia al alma.

Un dicho romano expresó bien el arte de la comunicación: "La mujer de César no bastaba con ser honesta, tenía que parecer honesta". Somos lo que comunicamos y no lo que pensamos ser.

Tú puedes incluso esconder quién eres, pero solo lo haces cuando estás callado e inmóvil. Hablando y gesticulando, usted revela mucho de ti mismo.

> **LA EXPRESIÓN DEL CUERPO DENUNCIA AL ALMA.**

Créeme. Conozco líderes formidables que nunca se destacarán en la sociedad, porque no consiguen desarrollar el arte de la comunicación. Difícilmente tendrán seguidores, ya que no consiguen expresar sus ideas y motivaciones.

No se trata de tener elocuencia al hablar (a pesar de considerar eso muy importante); mucho menos de reír o ser simpático (lo que también es fundamental). Se trata de dominar el lenguaje verbal y corporal, y saber manejar las palabras. Se trata de abordar estratégicamente a la otra persona.

Lenguaje verbal y corporal

Tú puedes comunicarte con los ojos, con las manos, con las cejas (una forma muy común), o de otras maneras. Inclusive hasta por el sudor del cuerpo comunicas algo. ¿Pensaste alguna vez en esto?

Las palabras son usadas solo para una comunicación directa. Pero créeme: las personas utilizan en el día a día mucho más el lenguaje corporal que el verbal. Por eso hombres como Barack Obama tenían todo para no salir electo. Como la propia biografía del presidente de los Estados Unidos revela, él nació con una desventaja, siendo pobre, "extranjero", y negro en un país marcado por el racismo.

Lo que hizo a Obama el hombre más poderoso del mundo (durante su mandato como el presidente de los Estados Unidos de 2009 al 2016) fue su capacidad de comunicarse. Digo lo mismo sobre Martin Luther King, Jr. (1929 - 1968), el gran líder americano que luchaba por la igualdad racial. Sus ideales eran fantásticos, pero fue su forma de comunicar lo que lo promovió, y extendió su legado.

Administra las palabras

Algunas palabras potencializan o debilitan nuestra capacidad de comunicación. El uso de la palabra "pero", por ejemplo, cancela todo lo que fue hablado antes. ¿Quién de nosotros nunca ha escuchado la siguiente frase: "Fulano, eres una persona buena, y me gustas, eres un buen profesional, pero…"

Esta es una palabra de negación, de cancelación. Debe ser evitada por alguien que tiene una Vida Actualizada. Podríamos sustituir fácilmente ese "pero" por "y si".

"Fulano, tú eres una persona buena y me gustas como profesional, eres excelente, y si comenzaras a llegar en el horario determinado por la directoría, tu productividad va a triplicarse y evitaría los desgastes entre tus compañeros de trabajo." O sea, cambiamos una palabra de cancelación por una de motivación.

La palabra "no" puede ser retirada de nuestro vocabulario también. Quien tiene hijos sabe el poder que hay en la palabra "no" para avivar más a los niños a que hagan lo que está prohibido.

"Juancito, mamá va a salir, no te portes mal. NO toques esto. NO uses el teléfono." Toda esa negatividad llevó el cerebro de un niño a pensar en todas las posibilidades. Lo correcto sería dar órdenes y comandos indicando lo positivo.

"Juancito, mamá va a salir. Compórtese. Lea un libro, vea un programa educativo. Juan, te quedas tranquilo en tu cuarto."

Otra forma de cómo administrar las palabras, nos la enseñó Salomón: *"La blanda respuesta quita la ira"* (Proverbios 15:1 RVR 1960).

El texto nos conduce a una reflexión sobre el poder de las palabras. Lo que hablamos detona un reloj bomba, o la desarma.

El entrenamiento para administrar palabras debe ser constante y permanente. Nunca estaremos suficientemente preparados.

El silencio también es una forma de comunicación. La persona sabia habla poco, porque entiende que información es poder. Cuanto más hablas, más poder estás dando a alguien sobre ti.

Administrar las palabras también incluye el arte del silencio.

> **LA SABIDURÍA HABITA CON QUIEN PREFIERE ESCUCHAR.**

Quien conoce el poder de las palabras valora más el silencio.

Por eso habla menos y escucha más, guarda tu lengua, selecciona las palabras. La sabiduría habita con quien prefiere escuchar.

El libro de Santiago capítulo 3:2 expresa un pensamiento poderoso:

> *Porque todos tropezamos en muchas cosas. Si alguien no tropieza en lo que dice, es un hombre perfecto, capaz también de refrenar todo el cuerpo.*

Y continúa hablando pesado en los versículos del 8 al 12 en adelante:

> *Pero ningún hombre puede domar la lengua; es un mal turbulento y lleno de veneno mortal. Con ella bendecimos a nuestro Señor y Padre, y con ella maldecimos a los hombres, que han sido hechos a la imagen de Dios; de la misma boca proceden bendición y maldición. Hermanos míos, esto no debe ser así. ¿Acaso una fuente por la misma abertura echa agua dulce y amarga? ¿Acaso, hermanos míos, puede una higuera producir aceitunas, o una vid higos? Tampoco la fuente de agua salada puede producir agua dulce.*

¡Cuidado con las muchas palabras!

Según la reflexión de arriba, de tu boca pueden salir cosas buenas o malas al mismo tiempo. Decide qué tipo de "fuente" eres tú.

Mira este ejemplo que viene de la política brasilera. A pesar de ser electa y reelecta presidente de Brasil, Dilma Rousseff fue criticada por muchas personas (En agosto de 2016, la Presidente Dilma fue destituida de sus funciones.).

Pero aquí no estamos haciendo análisis político. Lo que me llama la atención es algunos pronunciamientos (mal hechos) de la expresidente en que ella fue el blanco de muchas burlas que deshicieron su credibilidad como gestora de su Nación.

Al final de julio de 2015, al terminar de dar su discurso durante el lanzamiento del programa de Pronatec Joven Aprendiz en la Micro y Pequeña Empresa, ella afirmó: "No vamos a poner una meta, la dejaremos abierta, y cuando lleguemos a ella, entonces doblaremos la meta". ¿Cómo es eso? Si la meta va a estar "abierta", ¿cómo puede ser doblada?

Las frases de Dilma hasta hoy son símbolo de risas y provocaciones. Quien se opuso a ella por motivos políticos tuvo ese episodio como una rica fuente de inspiración para nuevos ataques.

Ese caso fue tan feo que esa declaración quedó grabada en la memoria de todos por una falla de comunicación. ¿Quién va a recordar que aquel día ella estaba anunciando un programa para calificar la mano de obra de jóvenes e incentivar el emprendedorismo?

La declaración robó el protagonismo del programa, e hizo que la expresidente fuera motivo de burla. Después de seis meses de lo ocurrido, en el carnaval de Río y San Pablo, por ejemplo, desfilaron con unas músicas que repetían "vamos a doblar la meta".

Otro caso nacional que envuelve un presentador de televisión muy famoso en Brasil es Luciano Huck, con fama de buen muchacho y buen padre de familia. Tanto que él es el portavoz de la propaganda de uno de los mayores bancos del país.

En la época de la "Copa del Mundo" (el mundial) en Brasil, en 2014, Huck publicó en sus perfiles en el Twitter y Facebook, el siguiente mensaje:

"¿Carioca? ¿Soltera? ¿Loca por encontrar un príncipe encantado entre los 'gringos' que estan invadiendo Río de Janeiro durante el mundial? Llegó tu hora... Manda fotos si quieres tener un gringo 'a la medida.'"

El mensaje dio inicio a la producción de una nueva sección en el programa "Caldeirão do Huck" que él presenta en la televisión Globo, la red de mayor audiencia en Brasil. Lo que pretendía ser apenas un programa para una cena de enamorados en la televisión, se transformó en un gran desastre para la imagen del presentador.

Lo que pasó fue que inmediatamente fue acusado de "ofrecer brasileras para los extranjeros". Los militantes de la lucha contra la igualdad de género y contra la explotación sexual bombardearon el mensaje del presentador. Y no solo los que militan en el área. También muchas mujeres y hombres comunes comentaron en las redes sociales que se sintieron ofendidos. Es verdad que hallaron que la propuesta fue una buena oportunidad. Pero en este caso la crítica venció, y Huck borró todos los mensajes de sus perfiles poco después de que la polémica había crecido en Internet.

Horas más tarde, al eliminar el texto, al final de la tarde en el mismo día de las publicaciones, la Red Globo emitió una nota diciendo que Luciano Hulk, así como todo el equipo de su programa, estaban "contra cualquier tipo de violencia y siempre apoyaron campañas contra la explotación sexual de mujeres".

Fue un disparo en el pie, ¿no creen? Programas de enamorados en la televisión existen por años y años, y nunca se vio nada y en tamaña oposición. Pero, ¿por qué este causó tantos problemas y persecución? Simple: el mal uso de las palabras.

Abordaje estratégico

Una vez yo estaba en el aeropuerto, y un gran líder de la nación estaba en las filas del *check-in* en el mismo vuelo que el mío. Pensé por dos minutos cómo abordar un desconocido como yo tendría que hacer para tener la atención en aquel momento de aquel hombre famoso.

El abordaje estratégico es la capacidad de comunicarnos con cualquier persona, independiente del nivel, estatus, profesión, religión o cultura.

Decidí entonces pedir un consejo. Nada más atrae a un ilustre que ser reconocido por su conocimiento, y no por la fama.

Humildemente me acerqué, y le pregunté: "Señor Felipe (nombre ficticio), ¿cómo está? Me llamo Tiago Brunet, soy estudiante en el área de desarrollo personal. ¿Le importaría si le hago una pregunta, y le pido un consejo? Le prometo no tomar mucho de su tiempo. En 10 segundos, en este primer contacto, gané toda su atención y una sonrisa. Él me respondió: "No hay problema, joven, dígame".

Mirándole a los ojos le pregunté: "¿Usted cree que nuestro país tiene solución? Y si su respuesta es sí, ¿cómo cree que jóvenes como yo podríamos contribuir para ayudar a cambiarlo?". Una explicación: este hombre es una importante persona política y religiosa del Brasil.

La pregunta fue pertinente, y él sonrió una vez más y me preguntó: "¿Quieres de verdad cambiar Brasil?". Yo le dije: "En verdad, quiero contribuir de alguna forma".

Cuando percibí que íbamos a entrar en el mismo avión, le pedí a un asistente propiciar el cambio de lugar, y entonces fue conversando conmigo durante el vuelo, que duró como una hora y 20 minutos.

He conocido personas que por ser superficiales y porque no dominaban el arte de la comunicación, cuando estuvieron delante de personas influyentes, en vez de pedir consejos y escuchar sus experiencias, pidieron tirarse *selfies*.

Durante el vuelo, conversando con él, aprendí que:

- No tendrás todo lo que quieres. ¡Convive con eso!
- Nunca te volverás rico atacando a los ricos.
- Quien no entiende de política está enajenado de todo. No porque no creas en algo, eso dejará de existir. Creyendo o no, la política gobierna a tu familia y a ti.
- El dinero es importante, pero hay cosas que solo la fe resuelve (Hasta ahora guardo lo que anoté de esta conversación.).

¿Tú crees que esta conversación fue electrizante?

Pues sí, una hora y 20 minutos se pasaron como si fuera un minuto. Ah... Y al final tiramos una *selfie*.

Comunicándose en público

Con el avance de la neurociencia y tantos otros estudios de la Psicología y de la PNL, queda bien claro que el cerebro tiene un combustible llamado glucosa, que es consumido rápidamente. Cuando somos expuestos a nuevas informaciones y contenidos, la glucosa es quemada en altísimas proporciones en millones de neuronas que se activan al mismo tiempo para procesar nuevos datos.

Este proceso lleva a nuestro cerebro a un profundo desgaste. Por eso, por lo general, el cansancio mental es común cuando estudiamos, leemos, o asistimos a seminarios. Concluyo que el tiempo y la duración de un seminario o cualquier tipo de comunicación en público es fundamental para evitar el desinterés, y el cansancio de los interlocutores.

En el libro *TED- Hablar, convencer, emocionar*, Carmine Gallo, uno de los mayores *coaches* de la comunicación mundial, enseña con base en sus propias investigaciones que 18 minutos es el tiempo ideal para una presentación en público.

Una charla de 18 minutos deja una impresión de que faltó contenido. Ya una con más de 20 minutos hace iniciar el proceso acelerado del agotamiento del cerebro, lo que provoca cansancio en los oyentes.

¡Aquí está el desafío! ¿Cuál es el tiempo ideal para tus presentaciones en público? Busca el equilibrio entre el contenido del mensaje que tienes que transmitir, y el estudio arriba.

No precisamos ser rigurosos como lo que Gallo nos enseña, pero tampoco lo podemos ignorar, porque se trata de una investigación seria y con eficiencia comprobada.

Muchos líderes, simplemente no tienen seguidores o influencia, porque no saben usar con eficacia el tiempo de comunicación en público, o no son muy claros cuando transmiten sus ideas.

Si tú, durante un taller o presentación, comienzas a repetir ideas, ejemplos y contar la misma historia, quiere decir que, ¡basta! este es el tiempo ideal para parar.

En un taller para líderes llamado "¿Cómo hablar?", en la ciudad de Guatemala, Cash Luna, pastor de "Casa de Dios", una iglesia de referencia en aquella región, explicaba cómo aprovechar bien el tiempo de una presentación, y ser revelante en la comunicación.

Cash exhibió un vídeo para el público presente de una breve oportunidad que tuvo en una mega iglesia americana en Texas, en la cual estaba en una conferencia. El líder de la iglesia, sabiendo que el ilustre conferencista guatemalteco estaba presente, le concedió cinco minutos para que diera una "palabra".

Honrar el tiempo que le concedieron es una señal de madurez. Y este, que fue elegido uno de los mayores expositores de América Latina, usó apenas un 1:58 segundos de su tiempo. El resto lo gastó su traductor de español al inglés.

En este aparente poquísimo tiempo, Cash Luna agradeció al anfitrión, hizo una broma de buen gusto con el predicador que había acabado de ministrar, compartió un mensaje directo y asertivo de instrucciones, y finalizó con un brillante consejo para líderes sobre los aplausos de millares de presentes.

Storytelling - Contando historias para crear una conexión

Para conquistar el cerebro humano, nada funciona mejor que contar historias. A los oyentes les gusta y se identifican. Generalmente, las personas quieren escuchar más de su dolor que de sus victorias.

Algunas historias de éxitos parecen fantasías inalcanzables, y hasta llenas de orgullo. Las historias de superación son un banquete para el alma. Todas se conectan a ti.

Barack Obama, en su discurso en las primarias del Partido Demócrata en Chicago, contó cómo su padre y sus abuelos extranjeros africanos fueron recibidos en América. El pueblo se quedó perplejo. Él cautivó a cada uno de los presentes. Nadie desvió la mirada mientras él hablaba.

El político llevó al público a imaginar las dificultades de quien no tiene oportunidades en su propio país, y cómo América se volvió una madre para las naciones de la tierra. Como todos ya saben, el discurso final fue un éxito. Y años más tarde, Obama ganó las elecciones, volviéndose el primer presidente afro-americano de los Estados Unidos.

Dominio del idioma

Todos los idiomas se componen más o menos de la misma forma. El alfabeto, la ortografía, la lista de fonemas y sus combinaciones son las reglas básicas de morfología y sintaxis. Créeme: un error en portugués (en nuestro caso) nos puede sacar de contexto todo un discurso.

El enriquecimiento intelectual, el acceso a la cultura y el uso de la inteligencia comparativa, crítica y analítica afinan las habilidades de la comunicación y de la expresión.

> ¿CUÁL ES LA DIFERENCIA ENTRE EL ARTE Y UN MÉTODO? EL ALMA.

Y por último, aprende a comunicarte de forma multifocal: cuerpo, alma y espíritu integrados en un solo mensaje. El resultado será un éxito en todo lo que comunicarás.

Importante recordar que, como cualquier otro arte, aprender a comunicarse con efectividad puede llevar algún tiempo. Exige estudio y entrenamiento.

Si eastás leyendo este libro, ya estás en el camino correcto. ¡No te desanimes! Comunicarse es un arte, no un método. ¿Cuál es la diferencia entre el arte y un método? El alma.

Ejercicio:

¿Eres un buen comunicador?

_____

_____

¿Las personas entienden lo que quieres decir?

_____

_____

¿Cómo les sale hablar en público? ¿Tienes algún miedo?

_____

_____

¿Usas bien el lenguaje verbal y corporal? Si no, ¿qué puedes hacer hoy para mejorar?

_____

_____

_____

_____

¿Que harás a partir de ahora para mejorar tu comunicación?

_____

_____

El arte no nace con contigo. Se desarrolla en ti.

CAPÍTULO 5
EL MERCADEO DE JESÚS

36% actualizado

"El mejor CD que escuché en toda mi
vida, apenas vendió 3000 copias".

Tiempo atrás, un amigo me regaló un CD. Me acuerdo como si fuera hoy de la primera vez que puse el CD para escucharlo en el coche. Hice un recorrido entre mi casa y la oficina bajo una profunda emoción, escuchando las tres primeras canciones. Algo de este CD removía todo mi ser.

Las letras eran muy profundas y sabias. Las melodías me envolvían como si fuese una especie de susurro de bienestar.

¡Qué composición! ¡Qué voz! Mis sentimientos estaban allí, expuestos al sonido de aquella música.

Deseé un día conocer a aquel cantante. Yo necesitaba hablar con él de cuánto aquel CD había influenciado y transformado mi día varias veces. Él necesitaba saber que, sin dudas, era el mejor CD que yo había escuchado en mi vida. Y mira que escucho muchas cosas.

Cierto día, yo estaba dando un seminario en un gran evento de liderazgo en São Paulo, y para mi sorpresa, el tal cantante era uno de los invitados. ¡No lo podía creer! Para mejorar y facilitar una posible conversación, estábamos alojados en el mismo hotel, y acabamos cenando juntos.

En el encuentro, tuve la oportunidad de darle las gracias por el gran talento y dedicación a este arte que es la música. En medio de la cena, el eximio artista confesó su frustración de haber vendido solo 3.000 copias, desde el lanzamiento hasta ese momento. No lo podía creer. "¿Apenas 3.000?", pregunté.

"Mas tenemos siete mil millones de seres humanos que necesitan oírlo", exclamé. "Si ha cambiado mi vida, cambiará también la de ellos", insistí. Me quedé con un extraño sentimiento de indignación.

Como amo las estadísticas y la investigaciones, busqué saber cuál sería el motivo para que toda aquella belleza en forma de notas musicales no estuviera en todas la vitrinas de Brasil y del mundo. Después de mucho estudio e investigación, me golpeé con la realidad. La perfección de una canción solo tiene efecto si se le hace conocer.

Quiero decir que faltó el mercadeo correcto, propaganda innovadora, y una difusión estratégica. El CD era fantástico, pero nadie lo escuchaba.

"¿Cómo oirán, si no hay quien anuncie?". – Pablo de Tarso
(Romanos 10:14, paráfrasis del autor)

¿Y cómo hacer mercadeo sin auto promoverse, y al mismo tiempo, no desgastar la imagen o el producto?

En primer lugar, creo que en el caso de un líder, el mensaje debe ser más importante que el mensajero.

Así trabaja una Vida Actualizada: divulga la verdad y acaba siendo promovida con ella. Lo que hacemos debe ser eternizado, y no necesariamente nuestra imagen.

Nadie sabe cómo era el rostro de Jesús de Nazaret, pero casi todos los siete mil millones de habitantes del planeta ya escucharon sobre sus hechos.

Esta es la diferencia entre herencia y legado. Aprendí con un colega de coaching y profesor de la Universidad de Florida, el Dr. Benny Rodríguez, que "herencia es lo que tú dejas **para** alguien, legado es lo que dejas **en** alguien".

Su mensaje quedará en las personas para siempre; su imagen quizás por algún tiempo. A la vista, muchos artistas famosos del pasado hoy en día transitan anónimamente en las calles de las ciudades.

Los medios de comunicación que promocionaban personas y trabajos antiguamente, ya no son los mismos. Ahora la Internet es la madre de la fama. Netflix recauda más que las dos principales redes de tv de América Latina. Youtube tiene más visitas por minutos de que cualquier programa de tv.

Cuando alguien quiere saber una noticia de último momento, no compra el periódico, no enciende la tv, ni compra la revista de la semana. Ahora basta entrar *al Twitter* y ¡boom! Está todo ahí. Por eso la Internet es tan buscada. Ella da lugar para que todos aparezcan.

Aún con esa democratización del mercadeo a través de la Internet, no todos brillan, pues el contenido siempre será el motivo por el cual las personas buscan algo.

ACTUALIZACIÓN 5: LO QUE SE DIVULGA ES MÁS IMPORTANTE, QUE CUÁNTO SE DIVULGA.

Hay mucha gente divulgando mucho algo que nadie quiere comprar o ver. Hay personas que agotan todos sus recursos mediante la inversión en un producto o imagen que no les es útil a las personas, y en consecuencia no tocan el alma del público en general.

Es por eso que al viajar decenas de veces a Israel, me preguntaba cómo Jesús hizo para convertirse en el hombre más famoso de la historia. Después que Él devela su destino al ser encontrado enseñando a los doctores de la ley con apenas 12 años de edad, Jesús se retira para un entrenamiento anónimo. De los 12 a los 30 años de edad, Él desaparece de la historia. La verdad es que estaba en su rutina, desarrollando habilidades, aprendiendo a tratar a las personas, creciendo en conocimiento y sabiduría. Era una verdadera escuela durante tres años y medio, para mucho trabajo que vendría adelante.

Al salir del "entrenamiento", Jesús descubre su plazo. La Biblia es clara cuando menciona que Jesús sabía que iría a morir en la cruz. Él discernía los tiempos. Cuando fue bautizado en el río Jordán por su primo Juan el Bautista, Jesús comenzó su misión en la tierra, y Él sabía que tenía apenas tres años y medio para cumplir su propósito de vida, su ICP (Idea Central Permanente).

Con el tiempo ajustado, él percibió que sin equipo no podía ir lejos. Entonces comenzó un reclutamiento de jóvenes galileos, a fin de llenar los cupos del *talmidim* (discípulos del Torah).

Lo fantástico de todo esto fue la inteligencia con que Jesús hizo las cosas. Como él era un excelente administrador del tiempo, y un perfecto gerente de recursos humanos, al formar su equipo él definió su base: Capernaum. Todos querían estar en Jerusalén, la capital religiosa del mundo. La gloria, el glamur y los reflectores estaban allí.

Cualquiera que quiera ser promovido, tendría que vivir en Jerusalén; en la ciudad donde todo acontece. El gran templo de los judíos estaba allí, como los políticos, la clase sacerdotal, el sanedrín, los doctores de la ley, las familias importantes, los medios de comunicación de esa época. Todos estos estaban en Jerusalén.

Entonces, ¿por qué Capernaum?

Como veremos más adelante, Jesús estaba creando una manera revolucionaria de hacer mercadeo. Lo llamo "el mercadeo de Jesús".

Capernaum era una ciudad fronteriza con un importante puerto. Era una ciudad apolítica, donde ninguno de los Herodes tenía influencia directa. Jesús tenía libertad para crecer (¡Mira qué plan estratégico!).

Lo más importante de Capernaum era el peaje de la Vía Maris, la más importante carretera romana de aquella época, que conectaba Egipto a Damasco, el Oriente con el Occidente. Muchas caravanas religiosas, cientos de comerciantes, legiones de soldados, hacían su paso diariamente por ahí. Algunos pagaban el peaje y seguían su viaje, pero otros dormían ahí.

Era allí donde Jesús hacía la mayoría de sus milagros. La Biblia en Mateo 4:24 (RVR 1960) dice: *"Y se difundió su fama por toda Siria;..."*

Cuando él curaba a un ciego, quien estaba de camino a Damasco llevaba la noticia. Cuando levantaba a los paralíticos, los que estaban de camino a Jerusalén divulgaban sus hechos. Los que eran sanados anunciaban lo que habían visto. De esta manera, todo el mundo llegó a conocer la existencia de un hombre que estaba utilizando su poder para sanar y ayudar al pueblo. Su fama se extendió.

> **LA EDUCACIÓN ES LA ÚNICA FORMA DE TRANSFORMAR LA MENTALIDAD DE UNA GENERACIÓN.**

Pero la agenda de Jesús no era sanar, y sí enseñar. Para donde Él iba, la intención era claramente enseñar al pueblo los milagros que pasaban por el camino, porque la educación es la única forma de transformar la mentalidad de una generación.

Antes de difundir su trabajo, Jesús planeó estratégicamente para ser asertivo y redimir el tiempo.

Capernaum, además de ser una ciudad estratégica, era un lugar que se preparó para recibir a Jesús. Era querido y esperado allí. Las personas amaban escuchar lo que Él decía.

En Jerusalén, Él disputaba plataformas con muchas personas. Moriría antes de tiempo, pues el propio Jesús declaró: *"Jerusalén, Jerusalén, que mata a los profetas y apedrea a los que les fueron enviados"* (Mateo 23:37 RVR 1960). Allí no era estratégico para Jesús, a pesar de ser el lugar donde todos querían estar.

Jesús solo actuaba donde era esperado, y donde preparaban un lugar para él. Él no forzaba las puertas; Él entraba por ellas.

¿Y tú?

Él no divulgaba que su agenda estaba abierta. Él cumplía su rutina haciendo historia. Todos querían estar cerca de él.

Jesús fue un ejemplo en todo, hasta en la manera de hacer lo que llamamos propaganda y mercadeo.

Toda visión emprendedora es virtual, o sea, tu visión apenas está en tu mente. Todavía no es real. Tú intentas ver el futuro por medio de previsiones. El puente entre el día de hoy y tu destino se llama **estrategia**.

> **EL PUENTE ENTRE EL DÍA DE HOY Y TU DESTINO SE LLAMA ESTRATEGIA.**

Por eso, ninguna visión tiene sentido si no se acompaña con una estrategia. La estrategia desvirtualiza una idea, y materializa un sueño.

El mercadeo es la estrategia para que una idea pueda convertirse en una realidad.

En el mundo de hoy, a las personas les gusta más el entrenamiento que el conocimiento. Si usted publica una foto en su página de Facebook comiendo alguna cosa, jugando con los animales o contando un chiste, esta publicación tendrá más "me gusta", que la publicación de un poema, una preciosa información, o algún tipo de conocimiento.

Mas con la estrategia correcta podemos atraer a los entretenidos con la carnada de la diversión, y transmitir información para aumentar el conocimiento.

En uno de mis viajes a Dubái, en su modernísimo aeropuerto compré un libro titulado *My vision*, de *Sheik Mohammed Bin Rachid al Maktoum* (Motivate Publishing 2012). Fui leyendo en el vuelo de regreso a Brasil. Entendí claramente las palabras de *Sheik* que entre en el sueño de construir Dubái, algo pensado en los años 1990, y la realidad actual, fue necesario el empleo de una estrategia.

Quedé intrigado con la historia. Fui a investigar cómo alguien podía garantizar que nacería un proyecto tan audaz e innovador como la ciudad de Dubái.

La primera cosa que identifiqué en este caso fueron las preguntas al estilo *"self coaching"* que él se hizo. ¿Por qué las personas dejarían de visitar París, Roma, Londres o el mismo Nueva York y Disney, para viajar al medio oriente, al desierto de los Emiratos?, pensaba él. ¿Qué les haría dejar de lado lo que le proporciona a un occidental las maravillas de Europa, el Caribe y las Américas, para que prefiera quedarse en el calor de 50 grados de los Emiratos?

Fue aquí que nació una estrategia. Y el nombre fue EMIRATES. Una compañía aérea creada y desarrollada para ser la mejor en todo y entre todos, tratando a la clase económica con asientos confortables, TV más grandes que las que ofrecen las otras empresas, 300 opciones de entretenimiento, menú variado de refrigerios, su equipo de azafatas amables y políglotas, y mucho más. Además de todo, ofrecen las mejores conexiones y precios.

Cierta vez me estaba preparando para ir a India, donde daría una charla para líderes. Por eso buscaba los mejores y baratos vuelos por Internet. Entonces noté que los vuelos de *Emirates* eran siempre seleccionados. Hasta para llegar a Israel con grupos religiosos, *Emirates* era una excelente opción.

De igual manera los Emiratos Árabes, siendo enemigos declarados del Estado Judío, hacen vuelos entre Brasil y Amán en Jordania, con conexión en Dubái. Era necesario entrar por tierra (cerca de 1h 30 min de ómnibus) en Israel.

Créanme: ellos buscaban la manera de ser los mejores siempre. ¡Qué visión de excelencia! Cuando viajé al Medio Oriente, *Emirates* tenía el mejor vuelo. Para la China fue la misma cosa. Ellos nos rodeaban.

La estrategia estaba justamente en esta "conexión".

En el comienzo de los *Emirates*, al viajar con la compañía, el pasajero tenía que dormir en Dubái, hospedado por cuenta de la propia empresa. Así muchas personas pasaron a conocer la ciudad, y hablar por el mundo. La divulgación de boca en boca fue enorme; a la verdad, gigantesca. Años más tardes, *Emirates* se consolidó en el mercado.

Y tú, ¿cuál es tu estrategia de mercadeo?

El mercadeo de Jesús

En mi propia opinión, Jesús fue el mayor "marketero" que ha pasado por esta tierra. Lo digo en el mejor sentido de la palabra. Piense conmigo. Alguien que pasó por la tierra hace más de 2000 años, en una época donde no había teléfonos, periódicos, Outdoor, Internet, Facebook, Youtube y ninguna tecnología de comunicación, aún así se convirtió en el hombre más famoso de la humanidad, merece llevar ese título. ¿Estás de acuerdo?

Jesús tenía una manera muy especial de dar a conocer sus hechos. Él sabía exactamente cómo marcar sus hechos y sus mensajes para siempre.

Note que su imagen no era tan importante. Como ya dije, hoy en día ninguno sabe cómo era Jesús físicamente.

Entienda. Él jamás se auto proclamó. Por el contrario, su forma de hacer mercadeo era muy peculiar. Él prohibía a las personas que hablaran de quién era Él, y lo que había hecho.

¡Crean!

Hoy pagamos para que nos divulguen, y para que hablen a las personas. En aquel tiempo, Jesús no permitía que hicieran eso con su nombre. Él permitió que divulgaran su mensaje: *"Id y anunciad el Evangelio a toda criatura"*. Mas no hizo lo mismo con su nombre.

Para Él, el mensaje debe ser más importante que el mensajero, como ya lo he citado. Mas se sabe hoy que cuando el mensaje es proclamado, el mensajero es promovido. Así mismo, sin autoproclamación ni tecnología, el nombre de Jesús es lo más conocido y citado en estos últimos 2000 años.

La PNL (Programación Neurolingüística) nos muestra que la palabra "NO" lleva a nuestra mente a pensar que se nos prohibió, y activa nuestra voluntad de quebrantar las reglas.

CUANDO EL MENSAJE ES PROCLAMADO, EL MENSAJERO ES PROMOVIDO.

La palabra "NO" funciona para nuestra mente como un inductor neurótico del "SI".

Intenta decir a alguien: "No me mires ahora". Tú ya sabes lo que va a suceder ¿verdad? Le vas a mirar con más atención que si no le hubieras dicho nada.

Cuando Jesús hacía un milagro, decía así: "Vayan en paz y no hablen a nadie que fueron sanados". Era como si estuviese ordenando a aquellas mentes: "Extiendan el mensaje a todos y rápido".

A Él también le gustaba promover a otros, en vez de a sí mismo. Es como muestra el caso narrado en la Biblia de que una mujer quebró un frasco de alabastro (con un precioso perfume de esa época) a los pies de Jesús, y los secó con sus propios cabellos. Y Jesús le dijo que donde este mensaje fuera anunciado por el mundo, el nombre de ella sería recordado.

Él quiso que el nombre de ella fuese recordado, y no el de Él. ¿Es raro, no?

Hoy el tipo de mercadeo que más crece en el mundo es el mercadeo digital compartido, donde un profesional promociona a otro profesional, y nunca a sí mismo. ¿Lo sabías?

El mercadeo de Jesús es diferente de todo lo que vemos hoy día. Va contra las leyes de la propaganda actual. Vamos a analizar algunas referencias, solamente en uno de los cuatro libros bibliográficos de Jesús, el de Mateo.

Vea Mateo 8: 2-4: Jesús sana a un leproso y le pide que no diga nada a nadie.

Mateo 9:30-3: Este versículo es chistoso. *"Y se les abrieron los ojos. Y Jesús les advirtió rigurosamente, diciendo: Mirad que nadie lo sepa. Pero ellos, en cuanto salieron, divulgaron su fama por toda aquella tierra."*

Mateo 14:1: *"Por aquel tiempo, Herodes el Tetrarca oyó la fama de Jesús."*

¿Cómo puede un hombre que solicita explícitamente que nadie hable de él, quedar famoso?

Mateo 16:20: En una conversación íntima con los apóstoles, Pedro reconoce que Jesús es el Cristo prometido de Israel. *"Entonces ordenó a los discípulos que a nadie dijeran que Él era el Cristo."*

Jesús pide a sus propios discípulos que no digan a nadie que Él era el Mesías.

Mira Mateo 17:9: Jesús se transfigura (algo sobrenatural) al frente de sus tres discípulos, y al descender del monte donde estaban, pide vehemente: "NO DIGAN a nadie que me vieron" (paráfrasis del autor).

Créeme: cuando hay algo especial en usted, por más que quiera ocultarlo, será imposible.

> *Vosotros sois la luz del mundo. Una ciudad situada sobre un monte no se puede ocultar; ni se enciende una lámpara y se pone debajo de un almud, sino sobre el candelero, y alumbra a todos los que están en la casa* (Mateo 5:14-15).

Si no naciste para algo que deseas hoy, si no sabes tu propósito en la tierra, no trates de gastar millones en propagandas. Al final solo habrá sido pérdida de tiempo, dinero y esfuerzo.

Todos nacemos para algo relevante. Solo asegúrate antes de invertir.

Jesús se hizo famoso, pues Él cargaba lo que saciaba la necesidad de todos.

¿Y tú, qué cargas?

Dirección confiable, avance constante

Cuando utilizamos las estrategias seguras, la metodología exacta y el modelo de éxito, estamos siempre en la dirección correcta y nuestro avance será constante. ¡Puede ir lento de vez en cuando, mas no para, porque sabemos el destino!

A veces no pensamos, solamente reaccionamos. Y proporcionaremos el lamento profundo y amargo en el futuro.

Amo un pensamiento de Andy Grove, ex CEO de *Intel Corporation*, sobre promover algo. Dice así: "Debemos sintetizar pensamientos complejos en frases cortas que atraviesen grandes distancia y tengan el mismo significado, para personas con diferentes experiencias".

¡Wow!

Me recuerda un pasaje bíblico del profeta Habacuc 2:2: "Escribe la visión en tablas con letras tan grandes que hasta los que pasen corriendo puedan leer" (paráfrasis del autor).

Todos deben comprender bien cuál es su visión (cómo ve el futuro), para que puedan divulgar su misión (lo que hace hoy para que el futuro llegue).

> **EL TAMAÑO DE TU ENEMIGO DEFINIRÁ EL TAMAÑO DE TU FAMA.**

A veces, las personas sienten recelo de "promocionar" nuestra misión (aquello que estamos haciendo hoy), pues no consiguen ver claramente nuestra visión (nuestro futuro, a dónde queremos llegar). Siendo así, sé claro, directo y sincero en sus afirmaciones, anuncios y proyectos.

El tamaño de tu enemigo definirá el tamaño de tu fama.

No estoy hablando de la fama que conocemos hoy, y sí como es citada en la Biblia *"y se difundió Su fama por toda la tierra…"* (Lucas 4:14 RVR 1960).

¿Quién era David antes de Goliat? Un desconocido. Fue este gigante quien lo promovió en todo Israel.

¿Cuándo Jesús se hizo famoso en Jerusalén? Cuando los fariseos y la clase alta sacerdotal se pusieron en su contra.

¿Cuando José aparece en la historia? Cuando sus hermanos lo vendieron.

CAPÍTULO 5: EL MERCADEO DE JESÚS

Somos del tamaño de nuestra oposición. Somos como espejo de nuestros enemigos.

Sin oposición estamos en la "zona de confort". Quedamos débiles.

Fue la traición de sus hermanos, la que colocó a José en Egipto.

¿A dónde le llevarán sus enemigos? ¿Cómo le promoverán?

Días atrás fui a hablar en una mega conferencia en el norte de Brasil. Cuando digo mega, me refiero a algo extra grande. ¡Eran como la arena del mar!

Cuando llegué al lugar que preparaban para los oradores, me encontré con el líder que organizaba el evento. Nos abrazamos e inmediatamente le pregunté: "¿Cómo me conoció?".

Yo estaba a punto de participar en un evento histórico en aquella ciudad, y la verdad es que no estaba claro para mí, el porqué yo estaba allí. ¡No conocía a nadie de la organización!

Fue entonces que el líder del evento me dijo que en la cena íbamos a conversar sobre el tema. Quedé ansioso.

NO TENGAS MIEDO DE TUS OPOSITORES. SOLO EXISTEN PARA ABRIR CAMINOS PARA TU FUTURO.

Después de cumplir la misión del día, cientos de personas vinieron para que les firmara mis libros, y les dijera una palabra de ánimo. Me quedé cerca de una hora allí, mas con la cabeza en la cena. Luego que terminé las fotos, corrí hacia el coche que me llevaría al restaurante.

Me senté al lado del organizador del evento, y le pregunté muy curioso: "¿Cómo me encontró?, ¿Por qué estoy aquí?".

Sonriendo me dijo: "Un líder famoso de la ciudad vino a mi casa, y comenzó a difamarte. Dijo cosas embarazosas de ti. En verdad, nunca había escuchado hablar de ti", dijo el organizador. "El hombre hablaba mal y te atacaba con mucho odio. Mi esposa al escuchar tu nombre, te buscó por Internet y comenzó a mirar un video tuyo, hablando sobre inteligencia emocional. Cuando aquel líder de la ciudad salió de mi casa, llegué al cuarto, y mi esposa estaba en la cama llorando con el computador en las manos. Me dijo: '¡Mira este video!'".

Aquella clase sobre emociones que grabé y transmití vía Internet cambió 30 años de relación entre ellos. Los resultados fueron tan grandes, que ellos entraron en mi página web, dejaron unas palabras, y me enviaron una invitación.

Un "enemigo" amplió mis territorios. No tenga miedo de sus opositores. Ellos solo existen para abrir caminos para su futuro.

No sabía quién yo era, hasta que mis enemigos me expulsaron de mi zona de confort en dirección hacia mi destino.

¡Tu mundo actualizado!

Una cosa aprendí en esta vida: no necesitamos ser copias de nadie. Tenemos un ADN único, una impresión de huella digital exclusiva, y somos como individuos, seres originales.

Relee el capítulo 1 si es necesario. Descubre quién eres, y después quedará más fácil saber qué publicar y cómo divulgar.

Jesús es nuestro modelo. ¡Ojo en Él!

CAPÍTULO 6
GESTIÓN DEL TIEMPO

47% actualizado

"Tiempo es dinero para quien tiene dinero. Para quien no tiene dinero, tiempo solo es tiempo". Anónimo

El tiempo es la moneda de esta generación. Es lo que define lo que puede tener o ser.

El mejor pianista del mundo no conquistó su título con dinero, y sí con su tiempo. Puedes pagar un millón de dólares para convertirse en un especialista de algo, y aun así no tendrás garantías de que realmente va a suceder. Pero si inviertes 10 horas diariamente estudiando en esa área, habrá una gran probabilidad de que te conviertas en lo que deseas.

El dinero puede comprar la fiesta del matrimonio de los sueños, pero el tiempo invertido en la persona amada es lo que le llevará al altar.

¿Cómo el tiempo puede ser tan valioso y al mismo tiempo tan despreciado?

La falta de inteligencia y ausencia de sabiduría hicieron que muchas personas perdieran el discernimiento de lo que realmente es importante.

Una vez, en una conferencia, llamé a una mujer al frente para que fuera voluntaria para una demostración. Yo quería mostrarle al público cómo protegemos categóricamente lo que no es esencial, y perdemos cosas más importantes. Porque cuando nos enfocamos en algo específico, perdemos la visión de lo general.

Le pregunté a una joven de cabellos largos: "¿Tú dejarías que corte tu cabello ahora y que después pase la máquina para dejarte completamente pelona?". Ella sonrió frunciendo la frente, expresando "miedo" y dijo: "¡De ninguna manera!". "Pero, ¿por qué no?, le pregunté. "Porque amo mi cabello, y me sentiría avergonzada sin él. Jamás dejaría que alguien lo corte." Entonces le di una segunda opción. "Mira, ¿tú prefieres que te corte el cabello o todos los dedos de tus manos?". Con los ojos sobresalientes, ella respondió en fracción de segundos: "Los cabellos… córteme los cabellos".

¿Cómo pudo declarar unos minutos antes que jamás dejaría que alguien le corte los cabellos, y unos segundos después autoriza que se los corte? Queda claro que es mejor estar sin cabellos, porque con el tiempo crecerán, que quedarse sin dedos, ya que jamás volverán a crecer.

Lo que quiero mostrarles es que hay muchas personas que luchan por los cabellos, y terminan perdiendo los dedos de las manos. Unos, luchando por su empresa y perdiendo la familia; otros, ganando mucho dinero, pero perdiendo todo su tiempo.

Le compete a Dios conceder la bendición del tiempo, y a nosotros, cómo utilizarlo.

Mark Zuckerberg, cofundador y CEO del Facebook, contó en su visita a una famosa universidad americana por qué siempre usa las mismas ropas. A la verdad, no se trata de la misma ropa, y sí de una colección incontable de pantalones *jeans*, camisetas de color gris, y tenis. Según Zuckerberg, no tiene los minutos que necesitaría para escoger una prenda. Y de esa manera, con el armario con piezas idénticas, puede arreglarse en segundos.

Algunos creen que él exagera. Pero un multimillonario que influencia una generación, conoce bien el valor del tiempo. Esa moneda valiosa es la riqueza de esta generación. El tiempo nunca para. El tiempo es traicionero. A veces es nuestro enemigo. Pero puede ser nuestro amigo, cuando es usado con sabiduría.

La revista americana *Fortune* publicó en 2015, un gran reportaje sobre la productividad de Steve Jobs (1955-2011), el cofundador de Apple, durante una reunión. Básicamente, Jobs era neurótico en redimir el tiempo. Colegas de trabajo relataron en esa entrevista que el CEO de Apple expulsó varias veces a personas "innecesarias" en las reuniones. Para él, cuanto menor el número de personas en el salón, más productivo sería el debate.

Los hombres y mujeres que son exitosos en la vida son fanáticos de la gestión del tiempo. ¿Y tú?

¿Cómo administras tu día?

_____

_____

_____

¿Cómo planeas tu mes?

_____

_____

_____

¿Qué esperas que suceda en tu año?

_____

_____

_____

"Cuando eres pequeño, el tiempo es grande. Cuando eres grande, el tiempo es pequeño". – Dicho jamaiquino

Cuanto más planees, sueñes y te desarrolles, valorarás más tu tiempo. Barack Obama tiene las mismas 24 horas al día que tú tienes. ¿Pero será que él las utiliza de la misma forma que tú?

La mayoría de los hombres y mujeres que marcaron la historia tuvieron la misma relación con el tiempo. Dormían de cuatro a seis horas al día. Despertaban muy temprano para meditar y hacer ejercicios físicos, y cuando llegaban a sus trabajos lo administraban minuto por minuto hasta el final.

ACTUALIZACIÓN 6: CONTROLA TU TIEMPO O ÉL TE CONTROLARÁ A TI.

"Tu tiempo es limitado. No lo desperdicies intentando vivir la vida de los demás. No permitas que la opinión ajena calle tu voz interior." – Steve Jobs

NO EXISTE TIEMPO LIBRE PARA QUIEN SUEÑA BIEN ALTO.

No permitas que los minutos de tu hora, las horas de tu día, los días de tu semana, las semanas de tu mes, los meses de tu año pasen en vano. Dales un destino a cada uno de ellos.

No existe tiempo libre para quien sueña bien alto. En todo tiempo debemos estar invirtiendo en nuestro propósito, en nuestra ICP. La fila del banco solo es aburrida para aquel que no sabe lidiar con su tiempo. La misma fila puede ser un oasis de literatura para aquel que sabe lo que quiere. Ten siempre un libro en la mano.

Además, puedes cambiar aquel programa de TV por la lectura de una biografía o de una revista de tu interés. La TV ofrece imágenes listas y altamente manipuladas. Eso no desarrollará tu intelecto. Ya los libros... Ah... los libros. Ellos ofrecen muchas posibilidades. Tu mente se esfuerza para crear las imágenes de aquello que estás leyendo. Suelta tu imaginación, y tu inteligencia comienza a desarrollarse. Por lo tanto, utiliza tu tiempo para crecer, para aprender, para servir.

> "El tiempo vuela. Mas la buena noticia es que tú eres el piloto." – Michael Altshuler

El tiempo revela amigos, revela secretos, oculta misterios. El tiempo es sagrado, el tiempo es justo, mas tiene aire de injusticia. El tiempo es sagaz, nos engaña. Cuando lo necesitamos, él se ausenta. Cuando nos gustaría que no existiera, corre como si estuviera en un maratón.

La diferencia de quien produce más o menos, está en cómo cada uno aprovecha las mismas 24 horas que tiene. Todos tenemos la misma oportunidad de tiempo.

Como decía el sabio Salomón en su libro Eclesiastés 9:11 (RVR 1960): *"Tiempo y ocasión acontecen a todos".*

La buena noticia es que mientras haya vida, hay esperanza. Tú puedes comenzar un proyecto hoy, aunque hayas fallado en muchos otros en el pasado, aún subutilizando tu tiempo hasta ahora. Pero a partir del momento que el conocimiento llegó a tu vida, las cosas pueden comenzar a funcionar.

Todo depende de ti. Al final, ¿cuál es tu nivel de determinación y disciplina? La gestión de tu tiempo depende de esto.

Lo que diferencia a los pequeños de los grandes, a los genios de los comunes, a los habilidosos de los sin resultados es cómo administran las 24 horas del día.

Conviértete en el CEO de tu vida.

Ser el director de la película de tu propia historia de vida es una oportunidad para pocos. ¿Cómo sería la reacción del público si este largometraje fuese transmitido en las pantallas sin edición y sin cortes? ¿Te sentirías cómodo, o avergonzado, si todos vieran tu vida minuto a minuto? La forma como lidiamos con nuestro tiempo nos traería comodidad o vergüenza cuando vieran el largometraje sobre nuestras vidas. Sé el dueño de tu tiempo.

Sé el guionista de ese largometraje que es tu existencia.

Acostumbro enseñar en nuestros seminarios que hay dos cosas que pude identificar: lo que diferencia al rico del pobre.

La diferencia nunca está en lo que tienes en el bolsillo y sí en tu mentalidad.

La primera diferencia es el **conocimiento**.

> ES EN LA MENTE QUE GUARDAMOS NUESTRAS VERDADERAS RIQUEZAS.

Mira a un hombre multimillonario. Quítale todo lo que tiene, róbale sus bienes, dale una golpiza, y cuélgalo de cabeza para abajo en un árbol en una ciudad bien distante del país. De aquí a un año, él estará rico nuevamente. Pueden robarle su bolsa, pero no su mentalidad. Es en la mente que guardamos nuestras verdaderas riquezas. ¡Ese es el mapa del éxito!

Ahora, toma a un pobre, dale un millón de dólares, y ponlo a vivir en la mejor casa de toda la ciudad. ¿Sabe cómo estará en un año? Se equivocó quien respondió "pobre". Él estará miserable, porque además de gastar todo lo que ganó, tendrá deudas que jamás podrá pagar.

La segunda cosa que diferencia uno del otro es **cómo administran el tiempo**. Como ya dije en la frase inicial de este capítulo, tiempo solo es dinero para quien tiene dinero.

Hay personas que se quedan viendo TV por tres, cuatro o cinco horas, pero no consiguen ver una palestra (taller) de una hora. Cuando participan de conferencias se cansan en minutos, pero sí consiguen estar de tres a cuatro horas en una fiesta en la calle.

"El misterio de la excelencia está en una semilla llamada tiempo". – Mike Murdock

Gasta tu tiempo en lo que va a construir tu futuro. No lo pierdas en cosas sin sentido, ni en aquello que no le llenará de virtudes.

Invierte tu tiempo en lo que valoras más: en tu propósito de vida. Cuanto más tiempo inviertas en tu ICP, más plenitud tendrás.

INVIERTA SU TIEMPO EN LO QUE VALORA MÁS: EN SU PROPÓSITO DE VIDA.

El principio de Pareto

Vilfredo Pareto (1848-1923), economista italiano del siglo XX, constató que 80% de todas las riquezas de Italia estaban apenas en las manos del 20% de su población. Por eso, Pareto decidió expandir sus investigaciones hacia otros países, y también llegó a la misma conclusión.

Otro economista, Joseph Juran, sugirió que esa relación descubierta por Pareto estaba presente en diversos campos y no solo en la economía, y fue así que se constató que:

- 80% de las consecuencias ocurren de 20% de las causas
- 80% de las ventas vienen de apenas 20% de los clientes
- 80% de los resultados vienen de 20% del tiempo gastado con esfuerzo

Es decir, 20% de lo que usted hace determinará cómo serán los otros 80%. ¿20% de las causas son responsables del 80% de sus fracasos? ¿Y si invirtiera 20% de su tiempo en lo que realmente importa?

¡20% de nuestras decisiones determinarán 80% de lo que vivimos hoy! ¡Impresionante!

Si yo invirtiera apenas 20% de mi año (2.4 meses) para escribir un nuevo libro, el otro 80% (9.6 meses) serán solo para cosechar los resultados.

¿Quiénes son los que trabajan 20 y cosechan 80? ¡Aquellos que saben dirigir su tiempo!

La gestión de su tiempo le traerá beneficios incontables, como la identificación de lo que es urgente, y de lo que es importante.

> **QUIEN NO DOMINA EL FACTOR TIEMPO, PIERDE LA NOBLEZA DE LOS RESULTADOS.**

Antes, cuando llegaba a mi oficina, lo urgente comenzaba a aparecer y a gritar. "Tiago, una persona te está esperando en la recepción." "Tiago, una llamada de Asia para ti." "Tiago, la revisión de tu coche es hoy." Tiago aquí, Tiago allí. Todo lo que era importante y estaba en la agenda, iba por aguas abajo.

Quien no domina el factor tiempo, pierde la nobleza de los resultados.

Hoy en día, someto lo urgente a lo que es realmente importante. Mi agenda es una amiga, no una villana.

La forma como tú lidias con tu tiempo, revela a los que te siguen, a los que andan contigo, y qué tipo de líder eres o quieres ser.

Una Vida Actualizada se enfoca en utilizar el tiempo disponible para generar frutos que permanezcan.

La generación "Y", que nació en medio de toda esta tecnología, observa el factor tiempo muy diferente a las otras generaciones.

Quien ya experimentó la conexión *Dial up*, se espanta con la velocidad de la banda ancha. Quien nació en la banda ancha, nunca entenderá la pérdida de tiempo que era la *Dial up*.

Recuerdo que cuando yo tenía 14 años de edad, mi mejor amigo de la infancia se mudó con su familia para Italia. Estuvimos meses sin hablarnos; en aquella época no teníamos Internet. Yo mandaba carta y en un mes y 40 días después, llegaba la respuesta.

Celebrábamos cada comunicación concluida.

Hoy mandamos un mensaje de *Whatsapp*, y en segundos tenemos una respuesta.

El tiempo siempre dará la impresión de que corre más que nosotros. Reproduzco a continuación un interesante ensayo sobre el valor del tiempo.

"El valor del tiempo" – Texto de autor desconocido

Imagina que tienes una cuenta corriente y que cada día despiertas con un saldo de 86.400,00. Solo que no es permitido transferir valores para el día siguiente. Todas las noches tu saldo es cero, aunque tú no hubieras conseguido gastarlo todo durante el día.

¿Qué es lo que harías?

Gastarlo todo, ¿verdad?

Somos todos clientes de este banco que se llama tiempo. Y cada mañana son acreditados nuevos 86.400 segundos. Todas las noches, el saldo es debitado como perdido. No se puede acumular el saldo para el día siguiente, y todas las mañanas su cuenta es reiniciada, y lo que sobró del día se evapora. ¡No hay vuelta!

Tú necesitas gastar en el presente tu depósito diario. Por eso, invierte este saldo en lo que es mejor para ti: familia, salud emocional, vida espiritual, amistades y en el amor.

El reloj del tiempo nunca para. Tú necesitas hacer lo mejor hoy.

Para que te des cuenta del valor que tiene un año, pregúntale a un estudiante que repitió el año escolar.

Para que te des cuenta del valor de un mes, pregúntale a una madre que tuvo a su bebé prematuro.

Para que te des cuenta del valor de una semana, pregúntale al editor de un periódico.

Para que te des cuenta del valor de una hora, pregúntale a quienes se aman, y están esperando para encontrarse después de mucho tiempo sin verse.

Para que te des cuenta del valor de un segundo, pregúntale a una persona que consiguió evitar un accidente fatal.

Para que te des cuenta del valor de una milésima de segundos, pregúntale a alguien que ganó una medalla de plata en una olimpiada.

Valora tu tiempo. Escoge bien con quién, y con qué irás a gastarlo.

¡Utiliza muy bien tu tiempo!

CAPÍTULO 7

COMPORTAMIENTO

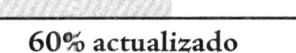

60% actualizado

"No importa el tamaño de su talento. Su comportamiento es lo que definirá a dónde llegará."

En estos últimos años trabajando en la formación de líderes, en la gestión de equipos, e involucrado en el estudio de la conducta humana, pude identificar los temperamentos individuales que influyen en una organización, sea para el progreso o para su caída. Pequeñas decisiones cambian las grandes instituciones. Y no siempre para mejor.

Una Vida Actualizada tiene comportamientos adecuados.

El temperamento de un individuo no determina quién es él y sí su estándar o patrón de comportamiento.

¿Estándar?

Sí, es la mezcla de temperamento, educación, cultura, religión, personas con quienes convive, y sus experiencias vividas. El estándar de una persona es básicamente el comportamiento repetitivo, automático e inconsciente que todos tenemos. Eso se aplica también a la forma de hablar, pensar, actuar; también a lo financiero y a las emociones.

¿Es tu estándar (repetición de comportamiento) lo que atrae o repele a las personas? ¿Ya te detuviste a pensar quiénes te siguen? ¿Qué tipos de personas se acercan a ti? ¿Quién te llama a cenar o para proponerte negocios?

¡Tú atraes al público (tipos de personas) de tu estándar!

Con temperamentos reconocidos es infinitamente más fácil lidiar con las personas, pues nuestro comportamiento es directamente manipulado por nuestro temperamento.

Una persona con temperamento "Dominante", por ejemplo, va a hablar más alto que uno que tiene el temperamento "Paciente". Las reacciones ante una afrenta o contrariedad también son antagónicas en relación con los temperamentos. Un "Extrovertido" se puede divertir disponiendo la situación. El "Analítico" entrará en crisis.

Cuando aún dirigía una compañía de turismo en Río de Janeiro, tenía como objetivo promover un funcionario a gerente. Él era un amigo por más de 15 años; una persona altamente confiable que "vestía camisa", y no estaba acostumbrado a contradecir mis decisiones.

Yo me sentía cómodo con él.

Siendo así, como director ejecutivo yo quería tenerlo como gerente para así disminuir mi carga laboral.

Lo promoví y luego… comenzaron las decepciones. Él nunca daba los resultados esperados. Le aumentaba el salario, le daba bonos, no era estricto con los horarios, pero todavía así, nada le hacía aumentar su liderazgo, ser más gerente, dar más frutos.

Entonces cambié de tácticas; comencé a ser más estricto y directo. Exigía mucho, amenazaba con reducir su salario, decía que lo iba a despedir, pero de nada servía. Él continuaba siendo el mismo.

Tú debes estar pensando: ¿Y por qué no lo despediste?

No es fácil despedir a un hombre de confianza, honesto y trabajador. Yo necesitaba identificar dónde estaba fallando.

En el 2011, participé de un entrenamiento en Miami, en los Estados Unidos, llamado *SOAR*. Se trata de un sistema de análisis de personalidad de la *Florida Christian University*, que todavía hoy día es poco difundido en Brasil y América Latina.

Fue en este curso que descubrí mi error. Este funcionario tenía el temperamento "Paciente", y el cargo de gerente exigía una persona de temperamento "Dominante", o mínimo un "Extrovertido".

Yo tenía expectativa, porque tenía una amistad y confianza en él para que asumiese la gestión del equipo, controlara los procesos, y coordinara funciones. Sabemos que la frustración nada más es de expectativa no alcanzada. Mas la culpa era mía, porque tenía expectativas en la persona correcta, pero para el lugar errado.

¿Entiendes?

En este mismo entrenamiento aprendí que el temperamento "Paciente" ama escuchar a las personas, y adora los ambientes tranquilos.

Fui ahí que tuve la brillante idea de ponerlo en otra plaza, y lo coloqué como jefe de servicios al cliente. Nuestra vida cambió. Clientes felices, bien atendidos, y buenos resultados llegando todo el día. Él amaba quedarse en el teléfono, en una sala calmada, atendiendo clientes importantes, dando atención por teléfono, aclarando dudas con mucha paciencia. A partir de entonces, los clientes solo querían el trato con él.

Después de eso, comencé a evaluar todas mis relaciones. Con la evaluación correcta, yo podía identificar el temperamento de las personas, y conducirlas de la mejor manera para obtener buenas relaciones.

Percibí que el socio que yo hallaba aburrido, no era aburrido de verdad; era de temperamento "Analítico". Y era este "casamiento de temperamentos" lo que nos mantenía de pie. Pues como "Dominante", yo quería soñar, avanzar y conquistar, y el "Aburrido", en verdad "Analítico" quería hacer cuentas, planear y cortar los costos. Él no era mi enemigo; era el casamiento perfecto. En ese entonces yo no tenía inteligencia y madurez para reconocer eso.

Cambié mi forma de relacionarme y hablé con mi esposa respetando los límites del temperamento de ella, escuchándola más, siendo más "paciente" para equilibrar la relación. Y así me fui entrenando y adaptándome para ser cada día mejor líder, marido, padre, hijo, y persona.

Todos somos *homo sapiens*; nacemos con una poderosa herramienta llamada inteligencia. Sin embargo, pocos pagan el precio para usar toda su capacidad intelectual. La inteligencia es como los músculos. Todos nacemos con ellos, pero pocos los desarrollan.

Si nuestro sistema cognitivo no es alimentado constantemente, no sabremos diferenciar principios de reglas, sentimientos de emociones, verdades de mentiras. Simples acciones, como tomar una decisión, son muy difíciles para aquellos que no desarrollan su inteligencia. Sin este desarrollo no identificaremos los temperamentos, y no adaptaremos nuestras relaciones.

Sin inteligencia no lidiamos con las emociones que cada temperamento provoca.

La angustia, por ejemplo, es amiga personal del 45% de los ejecutivos y líderes globales. Sin embargo, este sentimiento no tiene un objeto. O sea, la tristeza es por algo, la decepción con alguien. ¿Y la angustia? No sabemos de dónde viene. Es aquel sentimiento de opresión en el pecho que no sabemos la razón, pero está allí.

Martin Heidegger, un filósofo alemán del Siglo XX, decía que la angustia es la sensación de nada. Entonces, ¿cómo identificar y diferenciar algo de alguna cosa? Es preciso tener mucho conocimiento y reflexión. Mas esas cosas están faltando hoy en día. Platón, gran filósofo griego, alertó siglos atrás: "La vida sin reflexión no vale la pena vivirla".

Personas que no reflexionan, simplemente, no tienen dudas. Están llenas de seguridad.

¡Cuidado con ellas!

Una Vida Actualizada tiene un comportamiento adecuado con la humanidad. En esta generación, descubrimos que los superhéroes no existen. Percibimos que los seres humanos pueden errar.

Los errores no deben ser castigados, pero sí corregidos. La negligencia y el descuido sí deben ser castigados.

No confundas, nuevamente, una cosa con otra.

Librarse de las confusiones mentales, ser altamente esclarecidos son exigencias para un líder actualizado, para una vida que está tras la actualización.

ES TU COMPORTAMIENTO LO QUE VA A DETERMINAR HASTA DÓNDE LLEGARÁ.

Invertir en formación para mejorar y tener un equilibrio de comportamiento de los funcionarios, líderes o colaboradores es prioritario, mas no exclusivo. Es necesaria también la atención de las otras áreas.

La educación corporativa es una de las grandes diferencias de una institución. Un sistema financiero saludable, una cultura empresarial vencedora y visión estratégica también son las diferencias que todos notan.

Por fin, es tu comportamiento lo que va a determinar hasta dónde llegarás.

La consciencia es el juez supremo de nuestros comportamientos.

Nuestra conciencia juzga todo lo que hacemos; nos aprueba o nos condena.

Pero la conciencia no nace lista. Ella es moldeada por la educación. Entonces quien no entrenó a la consciencia, no tiene noción de sus actos. Es por eso que muchas personas se comportan extremadamente mal en las múltiples áreas de la vida como la emocional, financiera, profesional, familiar y espiritual, y nunca se dan cuenta de lo mucho que se equivocan, porque su consciencia no los acusa.

Nuestro comportamiento es influenciado por nuestro nivel de conocimiento. Nuestro conocimiento es adquirido a través del tiempo que dedicamos al arte de pensar, al gusto por la lectura y el aprendizaje con las experiencias de esta vida.

"Pensar es un trabajo difícil. Tal vez por eso, pocos se dedican a eso." – Henry Ford (1863-1947), americano fundador de Ford.

¿Ya notaste que hay jugadores de fútbol que alcanzan la cima por causa del talento que tienen, pero acaban descendiendo de la escalera del éxito por causa del comportamiento?

Ejemplo es el caso de Adriano, "El Emperador". El atacante salió del Flamengo en 2001, a los 19 años, y comenzó a brillar en Italia por causa de sus goles. Defendió Florentina, Parma y el Inter de Milán. Tuvo tanto éxito que recibió el apodo de Emperador.

Adriano también brilló y desconcertó adversarios vistiendo la camisa de selección brasilera. ¿Qué fanático de fútbol es capaz de olvidar la final de la Copa de América del 2004, en Perú?

El partido entre Argentina y Brasil ya estaba en la prorrogación del segundo tiempo, con el marcador 2x1 a favor del equipo de Carlos Tevés, Mascherano y cía, cuando una pelota fue lanzada dentro del área. Y ella fue en dirección de Adriano. Había en aquel momento tres jugadores argentinos próximos al Emperador. Todavía así, él disputó el balón en la parte superior, consiguió dominarla, giró apuntando, y... pateó para el fondo de las redes de Abbondanzieri. Dos a dos.

El golazo de Adriano dio un chance al Brasil de disputar el título en los penales. Y en las cobranzas... Con más de un gol con la camiseta 7, la selección amarilla conquistó la Copa América.

De manera que no solo el talento ha caracterizado la trayectoria de Adriano. En muchos momentos, también la indisciplina, las fiestas sin reglas, sin tiempo para terminar, el gusto, y la dependencia por la bebida hablaron más alto.

Su carrera comenzó a declinar, aunque gracias al gran talento, tuvo momentos de gloria con la conquista del Campeonato Brasilero de 2009, cuando jugó para el Flamengo. Fue artillero de la competencia.

Adriano pasó a tener su nombre asociado a polémicas, la confusión, las dificultades de mantener un peso ideal. Hasta dejó de jugar fútbol. Disfrutando el derecho que tenía de no querer ser más un atleta, o atacante, esto frustró a un país entero.

Diez de cada diez integrantes de las barras brasileras concuerdan que Adriano, en caso que estuviese en forma en las épocas, estaría disputando las copas del Mundo del 2010 y 2014. Y podría haber ido más lejos. En la Copa 2018 en Rusia, Adriano tendría 36 años, la misma edad del atacante de Alemania Klose en la Copa del 2014, en Brasil. En este mundial, a los 36 años, Klose marcó dos goles, y se tornó el mayor artillero de la historia de las Copas (y fue tetra campeón del mundo).

Klose es un gran jugador, mas Adriano es el Emperador. Comparaciones diferentes, el hecho es que la carrera de atacante brasilero podría haber sido un éxito del inicio al final, si no fuese por su comportamiento.

Nuestras conquistas son fácilmente olvidadas frente a un mal comportamiento.

ACTUALIZACIÓN 7: TU COMPORTAMIENTO DEFINIRÁ CÓMO EL MUNDO SE ACORDARÁ DE TI.

¡Sí! Las personas recuerdan más el comportamiento que las palabras.

> **LAS PERSONAS RECUERDAN MÁS EL COMPORTAMIENTO QUE LAS PALABRAS.**

Tú eres es el promedio de las cinco personas con quienes convives. Las personas con quienes convives moldean tu comportamiento. ¡Cuidado!

En una fiesta de la nobleza española, Don Diego, uno de los ilustres presentes, fue el orador de la noche. Habló sobre la importancia de la unidad de la nación, dar ayuda a los más pobres, combatir los impuestos exagerados y, por fin, levantó recursos para la noble causa de esa noche. Veinte minutos después de su discurso, el mozo que servía dejó caer el champagne en su terno italiano. El comportamiento de Don Diego fue tan chocante que borró todo su lindo discurso de la mente de los invitados. El garzón fue humillado. Los gritos de Don Diego fueron oídos en los cuatro puntos del palacio.

En fin, dejo un consejo más: habla poco y compórtate mejor.

La mente humana es la más compleja de todas las especies. Ella crea pensamientos que determinan comportamientos.

Por ejemplo: La mayoría de las personas graciosas son inseguras. El pensamiento de que algo las amenaza genera un sentimiento de inseguridad, y el sentimiento de inseguridad lleva a comportamientos graciosos como forma de defensa.

¿No es curioso?

Ese tipo de persona necesita más atención de lo normal, por causa de la necesidad de ser aprobada y aceptada. Por eso tienen tanta creatividad a la hora de los juegos. Si usted analiza este caso en especial, verá que la inseguridad no tiene nada que ver con la timidez. A pesar de la inseguridad, la persona de este ejemplo no es tímida, y se torna en el centro de las atenciones cuando juega y cuenta chistes.

Freud, en una investigación con el colega científico francés Charcot, definió que algunas dolencias físicas y comportamientos dominantes pueden ser frutos de ideas y sugerencias de su subconsciente humano.

O sea: La sugerencia sigue siendo un poder de influencia en los comportamientos.

Los niños que miran muchos dibujos de violencia en la TV, tienden a crear ambientes hostiles en casa y en la escuela. El poder de sugerencia subconsciente es eficaz, y acaba determinando cómo vamos a comportarnos.

Nuestro comportamiento es influenciado por centenas de estímulos diarios que varían en diversas formas. Nos comportamos positivamente cuando somos expuestos al color azul, pero no sucede lo mismo con colores más calientes. La forma como interpretamos las pérdidas, los dolores de la vida y la muerte influyen en cómo nos comportamos en momentos de presión.

O sea: Comportarse correctamente es una "ciencia" a ser estudiada.

¿Cuál es el comportamiento correcto?

No confundas: los principios son inmutables. La moral y la ética son códigos milenarios de conducta del comportamiento humano. Pero cambian.

Comportamiento sin entrenamiento es imprevisible. Hombres de principios traicionan a sus esposas. Personas con moral alta desvían dinero de empresas en las cuales trabajan. Comportamiento sin entrenamiento, yo insisto, es imprevisible. El mal comportamiento es la materialización de un desvío de conducta, y quebranta los códigos de la ética. Es el descontrol interno expuesto para que otros vean.

> **LA CONSTRUCCIÓN DE LOS PENSAMIENTOS ES INFLUENCIADA POR NUESTRO PROPÓSITO.**

Nuestro comportamiento siempre deberá ser compatible con nuestra **ICP**- Idea Central Permanente. Si no defines tu propósito en esta tierra, difícilmente irás a definir el comportamiento más adecuado. Cuando tu ICP es clara, no hay duda de cómo debes comportarte, independientemente de la situación.

Por eso, pensar es el arte que debemos apreciar. La construcción de los pensamientos es influenciada por nuestro propósito, y todo eso sumado expone quiénes somos.

En mi opinión, la filosofía debería ser materia obligatoria en las escuelas de enseñanzas fundamentales. Hoy no tenemos más pensadores. Bien como la inteligencia emocional, financiera, política y bíblica, estudiar los principios de cada una de ellas ayudaría al desarrollo humano, su raciocinio, su auto crítica. Defiendo eso, pues, y estoy de acuerdo que esa es una de las puertas de entrada para mejorar el comportamiento humano.

Al final, ¿qué ha de ser de una persona que no ama y no se apega a la sabiduría? Sin las inteligencias mencionadas anteriormente, ¿cómo iremos a rescatar a las generaciones futuras del caos previsto?

En el 2014, ministrando en un seminario para más de 200 políticos en la Cámara de los Consejales de Río de Janeiro, enfaticé la importancia de aplicar las "múltiples inteligencias".

Imagínate si nuestros hijos crecieran aprendiendo a lidiar con las emociones, la utilización de los sentimientos, a usar con prudencia las decisiones, y a saber escoger. Reflexiona: ¿Cómo sería nuestra descendencia si ellos aprendieran a ser inteligentes con las finanzas, si aprendieran a mejorar la forma de controlar las tantas dificultades por las que pasamos?

¿Y sobre la política? ¿Hasta cuándo seremos idiotas? (En latín, la palabra idiota significa: aquello que ve su propio ombligo). ¿Y cuándo, finalmente, asumiremos nuestro papel con la población?

Mas cuando expusimos la importancia de inteligencia bíblica en las escuelas, un diputado (la reunión fue en la Cámara Municipal, y había también senadores y diputados) saltó de su silla gritando: "¡Jamás! Nuestro partido nunca permitirá que la religión vuelva a ser enseñada en las escuelas públicas."

Cuando él terminó todo lo que tenía para hablar, tomé la palabra nuevamente y proseguí: "Vuestra excelencia tal vez no tenía acceso a tal información, mas la Biblia no es religión. Las religiones se apoderaron de ella. La Biblia es el equilibrio de los últimos cuatro mil años. Retírela de la sociedad, y confirme que el caos se instalará. Si su esposa es fiel a usted, solo hay un lugar en la tierra que aconseja eso; en la Biblia. Si no matamos y no robamos al próximo, solo hay un libro que dirige de esa forma: la Biblia. Todo el equilibrio del mundo está escrito en ella".

En fin, creo firmemente que es nuestra obligación como educadores mostrar a las generaciones venideras que dieron cierto en el pasado. Ya decía Salomón: *"Lo que fue, eso será, y lo que se hizo, eso se hará; no hay nada nuevo bajo el sol. ¿Hay algo de que se pueda decir: Mira, esto es nuevo? Ya existía en los siglos que nos precedieron"* (Eclesiastés 1: 9-10).

PARA PREDECIR EL FUTURO, BASTA ESTUDIAR EL PASADO.

Para predecir el futuro, basta estudiar el pasado.

Aprendiendo los temperamentos

Los seres humanos tienen cuatro tipos de temperamentos, según el método SOAR:

DOMINANTE- EXTROVERTIDO-PACIENTE- ANALÍTICO

No existe temperamento malo; existe temperamento no pulido, no entrenado. El objetivo es descubrirlo y perfeccionarlo hasta llegar al equilibrio.

Se puede aplicar el análisis SOAR de comportamiento en:

- Desarrollo y crecimiento personal
- Diversidad e inclusión
- Trabajo en grupo
- Mejoría en la comunicación y en las relaciones
- Integración con los empleados
- Proceso de selección de candidatos para empleos
- Resolver conflictos
- Coaching
- Liderazgo
- Productividad y desempeño
- Ventas

Contextos – Áreas de aplicación

- Individuos
- Grupos
- Educadores
- Entrenamiento corporativo

- Coaching personal
- Coaching profesional
- Vida familiar
- Desarrollo ministerial y en las iglesias
- Vida matrimonial
- Potencializar jóvenes
- Desarrollo del liderazgo
- Análisis de cargos laborales
- Procesos de innovación y creatividad
- Proceso de selección de empleados (en mi opinión, hoy, eso es obligatorio para el personal de Recursos Humanos)
- Gobernación corporativa
- Salud y desarrollo financiero

Las inversiones financieras deben ser escogidas a base de su temperamento. Por ejemplo, el dominante adora los riesgos; y el analítico prefiere lo que es más seguro.

A pesar de que cada persona tiene un estilo predominante, es posible que tengamos una combinación de los cuatro estilos. Esta combinación es llamada patrón de una persona. Y esa es una de las cosas que torna único a cada ser.

- Ningún estilo es mejor que el otro. Cada estilo posee fuerzas, potencias y debilidades. Cuanto más comprende los puntos fuertes de una persona, mas podrá maximizarla o potencializarla.
- Hay grandes diferencias individuales entre cada estilo.

Las personas son mucho más que su estilo temperamental. Sus valores, creencias y experiencias tienen gran influencia sobre la manera en como ellas se comportan. Siendo así, refuerzo que el temperamento es apenas una de las influencias.

La comunicación y la personalidad

Para comunicarnos de forma efectiva, necesitamos ser conscientes de cómo las personas interactúan entre sí. No todos interpretan la misma palabra de la misma forma. Todo ser humano tiene un filtro mental que traduce lo que el interlocutor está diciendo conforme su patrón de entendimiento.

- El significado de cada palabra está basado en la percepción que cada persona posee. De la misma manera que asumimos que nuestro mensaje fue claramente entendido, también asumimos que si algo es importante para nosotros, también será importante para la otra persona, o que todo el mundo ve el problema de la misma forma.

- Cuando entendemos las diferentes percepciones –filtro-, vemos cómo dos personas pueden tener una conversación y crear opiniones totalmente diferentes de lo que fue dicho (conté una historia sobre eso en el capítulo "El arte de la comunicación").

- Una Vida Actualizada se esfuerza para comprender el paradigma de cada miembro de su equipo, y aplica la teoría "MINIMAX": minimizar los puntos débiles y maximizar los puntos fuertes de cada persona.

Vamos a aprender las características de cada temperamento y cómo podemos "acceder" a las personas temperamentales. La definición de cada ítem abajo fue sacada de una clase que tuve en mi maestría en Coaching en *Florida Christian University* en Orlando, en los Estados Unidos, con Anthony Portiglatti, PhD, Rector de la Universidad.

Contextos-Áreas de Aplicación:

+ Individuos
+ Grupos
+ Educadores
+ Entrenamiento corporativo
+ Directorio personal
+ Vida familiar
+ Desarrollo ministerial e iglesia
+ Vida matrimonial
+ Potencialización de jóvenes
+ Desarrollo del liderazgo

Vamos a aprender las características de cada temperamento, y cómo podemos "acceder" a las personas temperamentales. La definición de cada ítem abajo fue recopilada de un aula que tuvimos con el doctor Portigliatti.

Características de cada temperamento. Identifica el tuyo.

Dominante

+ Se aburre fácilmente.
+ Dirigido hacia resultados
+ Le gustan los desafíos y los cambios.
+ Posee alta expectativa en relación a los demás y a sí mismo.
+ Desenreda indecisiones.

- Puede ser enfático y exigente.
- Posee alta autoconfianza.
- Le gusta arriesgar.
- Le gustan las respuestas directas.
- Su evaluación y logros son basados en las realizaciones.
- Es rápido e impaciente.
- Le gusta ser reconocido por sus resultados.

Cómo "acceder" a un dominante:

- Ofrézcale elogios: Por lo general son buenos en lo que hacen, y disfrutan ser elogiados.
- Dele un premio o una placa con su nombre.
- Indique a los jefes sus logros.
- Entrénelo para mejorar en su trabajo.
- Dele el papel del líder; difícilmente un dominante quedará conforme en funciones que no sean de liderazgo.
- Dele más autoridad y poder, mas tome cuidado de eso.
- Haga promociones basadas en méritos.
- Promueva a posiciones elevadas.
- Déjelo dar informes para una persona de estatus; no le gusta tratar con posiciones inferiores o sus pares.

Extrovertido

- Dirige a personas.

- Prefiere libertad, los detalles y el control.
- Usa bien la intuición.
- Es simpático.
- Es persuasivo y carismático.
- Es confiable.
- Usa bien el lenguaje verbal.
- Es amigo.
- Actúa por impulsos y emoción.
- Tiene auto confianza y se auto promueve.
- Es entusiasta.
- Alienta la toma de decisiones del equipo.

Cómo "acceder" a un extrovertido

- Implemente las ideas creativas de él.
- Permita que sea creativo.
- Permita que escoja las tareas por las que se interesa (no presione, déjelo decidir).
- Dele camiseta con el logo del equipo.
- Permita que el fin de semana tenga tres días.
- Permita que él disminuya la cantidad de papeleos.
- Dele vacaciones o excursiones para lugares interesantes.
- Permita que el horario de trabajo sea flexible.

- Permita que use accesorios confortables y originales.
- Dele algún obsequio por más pequeño que sea.
- Dele algo divertido para que decore su mesa.
- Dele boletos para shows de comedias, conciertos o un musical.

Analítico

- Es organizado y le gusta el proceso.
- Tiende a ser perfeccionista.
- Es sistemático en sus relaciones.
- Valora la verdad y la precisión.
- Sus decisiones son bastante lógicas.
- Quiere saber todos los detalles y los hechos.
- Tiene tendencia a estar preocupado.
- Exige un alto patrón de sí mismo y de otros.
- No expresa su opinión, a menos que tenga seguridad.
- Es muy consciente, y busca la calidad.
- Es racional, y traza planos para resolver los problemas.

Cómo "acceder" a un analítico

- Elógielo en presencia de las personas que él admira.
- De premio, dele libros importantes e históricos.
- Dígale palabras que puedan elevar su reputación.

- Deje claro que aprueba la competencia que él tiene.
- Proporciónele un lugar de trabajo silencioso y aislado.
- Ofrézcale programas de computación que aumenten la eficiencia de su trabajo.
- Dele entradas para óperas y distintos eventos, rebuscados, eruditos.

Paciente

- Le gusta la eficiencia y la planificación.
- Tiende a las relaciones profundas.
- No le gusta hacer cambios a última hora.
- No le gusta los conflictos, y es un pacificador nato.
- Es un buen oyente.
- Le gusta identificarse con la empresa.
- Desea paz y armonía.
- Prefiere un ambiente estable.
- Busca la lealtad.
- Le gusta la atmósfera de calma y relajada.
- Le importa su equipo.
- Es metódico.

Cómo "acceder" a un flemático

- Ayúdelo a completar su tarea.

- Dele un lugar en el equipo; no va a ganar solo.
- Hágale un elogio personal.
- Comprenda lo que él está hablando.
- Ofrézcale más días de descanso.
- Lleve en serio las preguntas que él hace.
- Tenga con él actitudes pacientes y amigables.
- Promueva encuentros sociales.
- Dele presentes personales que demuestren que él es importante para usted.
- Dele fotografías que le traigan buenos recuerdos.
- Escriba la carta de agradecimiento.

Nuestro comportamiento solo podrá ser perfeccionado si tenemos el conocimiento necesario y las herramientas correctas para eso. Dedícate diariamente a tener cuidado con su temperamento. Identifica, entrena y perfecciona. Identifica, entrena y perfecciona. Identifica, entrena y perfecciona. Identifica, entrena y perfecciona. Identifica, entrena y perfecciona. Identifica, entrena y perfecciona. Identifica, entrena y perfecciona. Identifica, entrena y perfecciona. Identifica, entrena y perfecciona. Identifica, entrena y perfecciona.

Esa es la ruta más corta y menos dolorosa para el éxito de nuestras relaciones, en la vida profesional y en el liderazgo.

¡Hoy terminamos el séptimo paso rumbo a una completa actualización!

BIENVENIDOS A ESTE NUEVO TIEMPO

Preguntas de actualización:

¿Identificaste tu temperamento? ¿Cuál es?

_____

_____

¿Y el de tu cónyuge o familiar con el que más convives?

_____

_____

¿Vas a trazar una estrategia para mejorar tu comunicación y abordaje con las personas que te rodean si entendiste tus temperamentos? ¿Cuál será?

_____

_____

¿Percibiste que necesitas equilibrar tu temperamento para vivir mejor contigo mismo y con las personas? ¿Cómo lo harás?

_____

_____

¿Te quedó claro que el mundo recordará tu existencia de acuerdo con tu comportamiento?

_____

_____

CAPÍTULO 8
HERRAMIENTAS PARA UNA VIDA ACTUALIZADA

67% actualizado...

"Si la única herramienta que usted tiene es un martillo, todo comienza a parecer un clavo." –Abraham Maslow

Románticamente hablando, el líder es el guía de los cambios. El problema es que, en los días actuales, los cambios son más rápidos que los líderes.

La octava actualización de este libro es herramientas ciertas para el servicio correcto.

Mucha gente desactualizada intenta usar herramientas que dieron resultado en el pasado en este mundo inundado de cambios.

Antes una persona, para ser líder, tenía que ser algo parecido a un político. Hoy debe ser más un psicólogo. Antes se invertía mucho en sistemas y procesos. Hoy más vale invertir en personas que en cosas.

El liderazgo actualizado es social, y no individualista como en otros tiempos. El único hilo entre el estilo de liderazgo antiguo y el actual es el hecho de que **conocimiento es poder**.

Eso continúa siendo actual y verdadero.

Liderazgo es esencia. Quien saluda a un ejecutivo de alto rango, pero no se dirige a uno que es de limpieza, no tiene la esencia de liderazgo. Un líder verdadero y actualizado no puede evitar ser líder de todos y para todos.

Veamos un caso del famoso presidente Barack Obama. Un video de él cuando abordó un helicóptero del gobierno fue puesto en Internet, y se tornó viral. El video fue compartido millares de veces en las redes sociales como un ejemplo de buen ser humano, como un ejemplo a seguir. La inmensa repercusión se dio porque, después de entrar en la aeronave, él volvió para saludar al soldado que estaba en la puerta. Solamente después de subir las escaleras de la aeronave, reparó en que no había saludado al soldado que estaba afuera haciendo guardia. Pues bien, Obama descendió las escaleras, apretó la mano del soldado, y volvió para el helicóptero.

El video se volvió famoso en todo el mundo gracias a un acto simple y generoso.

Casos

El estudio de casos y la lectura de biografías nos ayudan en la actualización del liderazgo, mas no definen lo que seremos. Aumentar nuestro repertorio de ejemplos y casos no cambia el hecho de que el conocimiento empírico es el indicador de cuánto vamos a crecer. Pues un caso difícilmente se repite. Siendo así, no todo lo que lees y aprendes será aplicable un día. Aún así tenemos que leer.

Te debes actualizar creando estrategias y herramientas. No solamente por ti, mas por aquello que guiarás en la jornada de tu vida.

En la antigüedad, las guerras eran el centro de una sociedad. Todo se resolvía en batallas. Algunas funciones eran fundamentales para la victoria. Entre ellas, la estrategia. El hombre era sensible al arte de la interpretación.

Estratega -Hombre responsable en intuir dónde estaba el enemigo en una batalla. Era una función militar.

Estamos constituyendo una línea de pensamientos mucho más serias aquí. Para que conquistes esta "caja de herramientas" y para tenerlas en las manos, algunas habilidades humanas precisan estar afiladas en ti.

Necesitarás ser más rápido que los cambios globales.

Ser más social y menos individual.

Invertir más en personas que en cosas.

Ser menos político y más psicólogo.

Descubrir tu esencia de liderazgo.

Si estos cinco puntos ya están bien definidos en ti, el próximo paso es la:

ACTUALIZACIÓN 8: HERRAMIENTAS CORRECTAS TE AHORRAN TIEMPO Y DINERO, Y SIEMPRE DAN LOS MEJORES RESULTADOS.

RUEDA DE LA VIDA

Instituto Destiny 2014: Coaching e Inteligencia

Esta herramienta es usada para que el líder haga un chequeo de su liderazgo. Acostumbro a dividir la rueda de la vida en 10 principales áreas de la existencia de un ser humano.

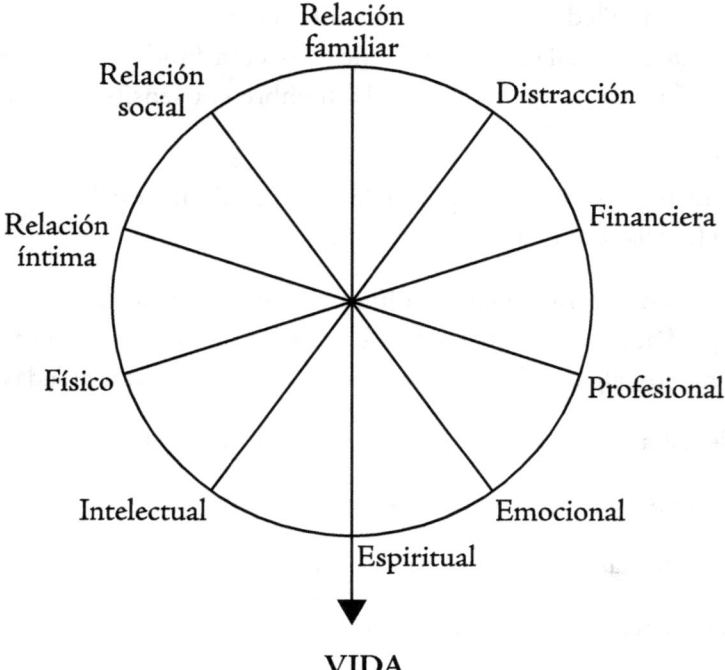

VIDA
Emocional- financiera- familiar- conyugal - social- física/salud - vida íntima- intelectual y espiritual

De 1 a 10 el líder debe pintar la nota que él se da en cada área de la vida de él.

Nótese que cuando hablamos de la vida financiera, por ejemplo, no nos referimos a cuánto gana, y sí cómo administra lo que gana.

¿Te sientes feliz con la forma que administras tu dinero?

¿Estás conforme con la forma como gastas o inviertes tus recursos?

Esa debe ser la línea de pensamiento para todas las áreas.

En la **vida emocional,** las preguntas para evaluar deben ser:

+ ¿Logro ponerme en el lugar de otros? (empatía)

- ¿Estoy abierto a perdonar?
- ¿Tengo la facilidad de ver lo mejor de las cosas y no solamente lo negativo?
- ¿Tengo un sueño tranquilo?
- ¿Puedo dominar mis preocupaciones?
- ¿Mi razón habla más fuerte que mis emociones?

En la **vida social** evalía:

- ¿Tienes a quién llamar para ir al cine en el fin de semana?
- ¿Tus amigos cenan en tu casa o viceversa?
- Cuando estás en apuros, ¿tienes a quién llamar?
- ¿Eres invitado frecuentemente para las fiestas de cumpleaños y encuentros sociales?
- ¿Participas de algún club, institución, iglesia u organización social?

En la **vida física:**

- ¿Cómo administras tus actividades deportivas?
- ¿Te alimentas correctamente?
- ¿Acostumbras ir al médico para la revisión, y te haces exámenes periódicamente?

Esas formas de preguntas valen para todas las áreas de la rueda. Haz ahora mismo un auto cuestionario en todas las áreas presentes en la rueda.

Nota que una rueda no gira cuando está desnivelada. Cuando termine este ejercicio, verás que algunas áreas de tu vida probablemente estén desalineadas, y este desnivel traerá consecuencias en tu caminar.

La expresión "a tropezones" encaja bien en el tipo de vida de quien está con este desnivel.

Pérdidas y daños

Esta es una herramienta fundamental para ayudarte ti, a tu familia, y a tu equipo en la toma de decisiones.

En mi primer libro, *Rumbo al lugar deseado*, conté la historia de un gran empresario del ramo de la industria de bienes raíces que me buscó para ayudarlo a encontrar una forma menos traumática de separarse de su esposa.

Ellos tenían dos hijos, y diez largos años de matrimonio.

Bastó una sesión de *coaching* con el uso de esta herramienta para que el destino de una familia fuera alterado. Primero solicité que escribiera en un papel en blanco por qué él quería separarse.

Aquel hombre de negocios se quedó cerca de 20 minutos mirando la hoja sin escribir nada, pues cuando escribimos, materializamos pensamientos. Si los pensamientos, además de abstractos, fueran irreales, o sea, fuera de la realidad, difícilmente conseguiríamos materializarlos en una hoja.

Como tardó en escribir, él reveló su grande confusión mental. Fue entonces que le pedí que cerrara los ojos, y mentalizara cómo sería su vida seis meses después del divorcio.

El cerebro automáticamente fue llevado a las probabilidades.

Entonces le pregunté:

"¿Dónde están sus hijos?".

Y él, casi emocionado, respondió:

"En casa de mi suegra".

Continué con las preguntas.

"¿Y cómo va el trabajo?".

"Yo no he ido a trabajar", contó.

"¿Y su esposa?".

Ahora, ya con lágrimas en el rostro, él se exaltó, gritando:

"No estoy preparado para verla con otra persona. ¡No!"

En ese momento, toqué su hombro, y le pedí que abriese los ojos lentamente. Gentilmente, tomé el bolígrafo que estaba sobre la mesa, y le dije:

"Escriba ahora en el mismo papel los motivos por los que que nunca se separaría".

Y aquel hombre escribió 18 razones, teniendo en cuenta que antes, él había anotado apenas dos motivos por los cuales quería divorciarse; dos razones negativas que, con mucho esfuerzo, conseguía "materializar".

Siendo así, por sí mismo, apenas con la ayuda del *coach* y con la herramienta correcta, transformó el futuro de su hogar. Dio sentido a su existencia.

Observa que cualquier otra herramienta podía haber estorbado el caso en cuestión. La pala del albañil es una herramienta para mezclar y levantar la pared, no para derribarla.

Asegúrate de que has usado las herramientas correctas para cada situación de tu vida.

Una Vida Actualizada entiende el valor de una "caja de herramientas". Saber cómo usar cada una es el amigo de la sabiduría.

15 palabras en 1 minuto y medio

Generalmente, yo uso esta herramienta en mis primeras sesiones de *coaching* con un nuevo cliente. El cerebro le da respuestas automáticas (*feedbacks*) cuando se hacen en menos de cinco segundos. Es probable que una persona que lleve más de cinco segundos para responder una pregunta esté ya manipulando la respuesta.

Manipular no es necesariamente mentir.

A veces es hacer brillar o disfrazar la verdadera respuesta.

Nuestro cerebro tiene dificultades, y la mejor forma de lidiar con ellas es identificando cada una, y conociendo cómo actúan. Solamente así podemos entrenar nuestra mente para el éxito.

Esta herramienta funciona de esa forma.

Pide a tu líder/*coachee*/familiar que escriba en un minuto y 30 segundos las 15 primeras palabras que vengan a su mente. Así tendrá cerca de seis segundos por palabra para extraer los *feedbacks* automáticos del cerebro, y tendremos lo que llamamos respuestas cerebrales.

Estas palabras, de alguna forma, consciente o inconscientemente, estarán destacadas en la corteza del interlocutor. Y con el resultado de este simple ejercicio, podemos pasar una sesión entera trabajando palabra por palabra.

Esta es una buena herramienta para identificar creencias limitantes. Las creencias que nos limitan son aquellas frases que surgen de una voz interior que dice: "No puedo", "Es imposible", "Eso no es para mí", "Yo no merezco".

Vemos eso decenas de veces en la Inteligencia Bíblica. Citando la historia de Moisés, cuando Dios pide que él vaya al Faraón, en Egipto, e interceda por el pueblo hebreo que era esclavo. Él respondió al Creador, revelando una creencia limitante: "No puedo, soy tartamudo. Eso es imposible, nunca van creer en mí" (Éxodo 4:10 paráfrasis del autor).

En la propia Biblia encontramos centenas de esas "disculpas" que en verdad son creencias limitadas.

Jeremías, el profeta, dijo a Dios: "No puedo, soy un niño" (Jeremías 1:6, paráfrasis del autor). Gedeón: "No puedo, soy el menor de la casa de mi padre" (Jueces 6:15 paráfrasis del autor).

La buena noticia es que todos ellos pudieron ejecutar sus misiones.

Nosotros solo podemos cambiar aquello que identificamos. Por eso, identifica tu creencias y las de tu liderazgo, y después de eso, ¡elimínalas!

Usando esta herramienta podemos identificar, para solo así comenzar con el trabajo de eliminación de lo que no sirve para nosotros.

En un curso que llamo de *Coaching e Inteligencia*, apliqué esta herramienta a un seminarista. Fue en el inicio de 2016, en el sur de Brasil.

Hice una demostración pública de coaching en plena clase, con el objetivo de educar y enseñar a los alumnos abordaje.

Carlos (nombre ficticio) fue voluntario para el ejercicio. Pregunté lo que él hacía. Él dijo que hacía un seminario de teología porque le gustaría ser pastor.

Después de algunas preguntas, apliqué el "15 palabras en 1 minuto y medio".

Sus palabras "automáticas" fueron:

+ Dinero
+ Multitud
+ Casa de playa

- Caribe
- Mustang
- Padre
- Recursos
- Autovías
- Terno
- Banco
- Negocios
- Avión
- Dubái
- Barco
- Libros

Cuando tomé las respuestas, inmediatamente lo confronté.

"Carlos, ¿por qué la palabra dinero?".

Él respondió que fue la palabra que le traía seguridad.

"¿Por qué multitud?".

"Pues yo creo que tengo talento para reunirlas", dijo.

"¿Y casa de playa y el Caribe (date cuenta que esas palabras tienen conexión)?".

Carlos respondió: "Porque es un sueño descansar en mi propia casa de playa en las playas del Caribe".

Enfaticé las otras preguntas:

"¿Por qué las palabras banco, negocios, Mustang, Dubái, recursos, terno?".

Él no supo responder. Carlos dijo que era simplemente lo que venía a su cabeza.

Le pregunté cómo se veía de aquí a cinco años.

Carlos sonrió y contestó: "Estaré bien de vida, seré padre y voy a ser relevante en la vida de las personas".

Entonces pregunté: "¿Necesitas ser líder eclesiástico para eso?".

Él no supo qué responder.

Insistí: "Entre ser pastor de 50 ovejas y sin recursos, y un empresario bien exitoso ¿cuál escogería ahora, sin demagogia?".

Tristemente respondió: "Un empresario".

Cuando su fisionomía, su rostro, cambió por causa de su respuesta, pregunté a quién le gustaría que él fuera un seminarista y después pastor.

Él respondió: "A mi padre. Mi padre no pudo ser pastor en la iglesia donde se congregaba, pues no tenía los estudios requeridos. Yo quiero hacerlo feliz, y mostrar que puedo cumplir su deseo".

Queridos lectores, los sueños escondidos de Carlos, revelados a través de las 15 palabras, revelan la necesidad de ser una persona con éxito, y tener cosas buenas.

Le hice entender a través de mis preguntas y herramientas que en caso de que siguiese su proyecto ministerial, él usaría este "título" para realizar sus sueños personales, y no para servir al pueblo. Agradaría más al padre natural que a Dios.

Hoy, cuatro meses después de este curso, en cuanto escribo este libro, Carlos ya empezó su empresa. No abandonó el seminario, pues planea usar la teología como instrumento en el futuro, y honrar a su padre con este título.

¿Su nuevo negocio?

Una librería, palabra que apareció en la herramienta "15 palabras en un minuto y medio".

Mentalícese de aquí a cinco años

Esta es una poderosa herramienta, pues es un indicador de futuro.

Cuando yo necesitaba decidir sobre cambiar de ciudad con mi familia, busqué a mi *coach*. Me recuerdo bien que no tardamos ni 15 minutos en aquella sesión.

Le conté que estaba pensando en cambiarme de ciudad, pues muchas oportunidades se me estaban presentando. Él apenas me preguntó:

"¿Cómo te ves de a cinco años?".

Me quedé unos tres minutos explicándole mi visión de futuro, y cuando terminé, él me hizo otra pregunta:

"Y ese cambio de ciudad, ¿te va a aproximar o a alejar de tu visión de futuro?".

¡Wow! Listo… ya no tenía dudas.

Decidí en pocos minutos lo que las personas llevan meses o hasta años para decidir. Esta es una herramienta que vale la pena aplicar.

Ahora, ¿por qué busqué un *coach* y no a mis mentores?

El coach no da opinión, no se envuelve emocionalmente con el *coachee*. Él enfoca en los resultados del futuro.

Si yo preguntase a mis mentores sobre cambiar de ciudad, 80% de las respuestas yo las sabría previamente.

Mi padre, que es mi primer mentor, no soportaría estar lejos de los nietos, y ciertamente diría que no era una buena idea mi cambio.

Mi mentor espiritual no iba a querer que saliera de la iglesia.

Mi mentor financiero era mi vecino de barrio en Río de Janeiro.

O sea, ellos estarían involucrados emocionalmente, y este caso no era para oír consejos emocionales, y sí para que yo decidiera con acierto.

Cinco preguntas reflexivas

Cuando ministro mis cursos de *coaching* e inteligencia, acostumbro enseñar sobre el poder de las preguntas. Cinco de ellas en especial las uso solo apenas en los entrenamientos y seminarios, mas también cuando atiendo a mis coachees (clientes de coaching).

¿Quién eres tú?

¿A dónde quieres llegar?

¿Qué necesitas para eso?

¿Cuál será tu legado?

¿Quién va a llorar cuando tú mueras?

Sin embargo, ellos deben responder cada pregunta usando apenas una palabra. ¡Eso mismo! ¡Una palabra!

Si tú no puedes explicar en una palabra, entonces todavía no has definido quién eres.

Responde ahora mismo, a las preguntas de arriba.

1. _____
2. _____

3. _____

4. _____

5. _____

Existen preguntas estratégicas que pueden hacerse en medio de la sesión para confrontar al líder más adelante.

Mira tres ejemplos:

"Si usted pudiera cenar por tres horas con cualquier persona que estuviese vivo en el mundo. ¿Quién sería?".

Aquí las personas revelan su nivel de ambición (y no ganancia, no confunda).

Hay personas que responden:

"¡Ah, yo cenaría con mi esposa!".

¡Mas con la esposa usted puede cenar todo los días! ¡Qué falta de ambición!

El conocimiento es revelado cuando estamos expuestos a personas que ya caminaron más que nosotros. ¡Quien me diera poder para escoger algunas personas que ya pasaron por lo que yo todavía no he pasado, y llevarlas para cenar! ¡Yo tengo una lista enorme!

"Si el dinero no fuese problema, ¿qué lugar escogería si fuera a pasar 15 días de vacaciones, y a quién llevaría con usted?"

En esa pregunta, revelamos quién realmente debería estar con nosotros en momentos relevantes.

"¿Cuáles son sus sueños y qué obstáculo ve en el camino de estas realizaciones?".

Las preguntas son herramientas poderosas

Las respuestas son la materia prima que vas a trabajar para moldear el futuro.

Haz una "pirámide" de tu vida:

(Base de la pirámide)

AMBIENTE
Límites y oportunidades en donde estás hoy.
¿Debes continuar, o salir de donde estás?

COMPORTAMIENTO
Acción y reacción
¿Cómo actúas diariamente?
¿Cómo reaccionas a los imprevistos y problemas de la vida?

HABILIDADES
Capacidad estratégica de realizar
¿Tienes algo especial?
¿Lo usas a tu favor?

CREENCIAS Y VALORES
Permiso y motivación
¿Qué es permitido para llegar a la cima?
¿Qué te motiva para llegar allá?

IDENTIDAD
Misión y sentido de sí mismo

AFILIACION
¿A qué grupo pertenezco?

LEGADO
Visión, Propósito y espiritualidad.
(el tope de la montaña)

Finalizo este capítulo animándote a estudiar. Las herramientas se expanden a medida que su conocimiento crece.

Lee mucho.

Haz cursos.

Asiste a seminarios.

Participa de seminarios específicos, sea por Internet o presencial.

Convive con quienes saben más que tú.

Sé educado (no necesariamente un académico, mas sé culto).

> "Yo quería encontrar un sabio. Mas me satisfago encontrando un educado. El educado es una persona ideal, ya el sabio es un ciudadano fuera de lo común".
> –Confucio 479 a. C.

CAPÍTULO 9
EXCELENCIA EMOCIONAL

76% actualizado...

Un futuro de grandeza es inevitable para aquel que reedita el pasado, y planta las semillas de la inteligencia en el presente.

Creo que a esta altura de la lectura, ya has percibido y te habrás convencido de que el mundo cambió.

El mejor dactilógrafo del mundo que había invertido mucho en su formación, hoy en día no trabaja más con eso. La dactilografía no es más una habilidad requerida en el mundo.

Quien no se actualiza pierde todo.

Muchos fueron criados por los padres recibiendo palmadas como forma de incentivar la disciplina, mas actualmente eso es crimen en muchos países occidentales. Quiero decir que no todo lo que vivimos antes sirve de modelo para después.

> **QUIEN NO SE ACTUALIZA PIERDE TODO.**

Enviábamos cartas con sellos que duraban semanas o meses para llegar al destino. Hoy apretamos una tecla, y el mensaje llega en fracciones de segundos.

Antes, los jefes eran los dictadores. Hoy necesitamos ser líderes servidores.

Antes, las misas en las iglesias católicas eran hechas en latín. Hoy es imposible privar al pueblo del conocimiento.

Todo tiene un antes y un después, y en este intérvalo suceden profundos cambios. Quienes no se actualizan, se quedan atrás.

Pulse la tecla F5, el botón "refresh".

La actualización del universo emocional es el tema de hoy. Si estás llevando en serio el programa de 12 días para actualizar tu vida, hoy es tu nuevo día: la novena etapa de la actualización.

Todos dependemos de la salud emocional para actualizar nuestra vida. Sin excelencia en las emociones somos simples esclavos del pasado.

Millares de personas están aprisionadas en campos de trabajos forzados, en exploración sexual por el mundo, etc. Mas millones, sí, millones de personas están acorraladas por la angustia, dudas, miedo, remordimiento, críticas, calumnias y difamaciones.

Las heridas que la vida nos presenta durante nuestro caminar en esta tierra, por lo general quedan abiertas. Es necesario un conocimiento específico y de una instrucción objetiva para cerrarlas al punto de transformarlas en cicatrices, en meros recuerdos de lo que pasamos y superamos. Sin resentimientos.

Si hay una clase en la tierra que necesita estar calibrada emocionalmente es la clase de los líderes. Ellos necesitan vivir en el futuro. Estar preso en lo que les pasó no es una opción.

El poder por medio del liderazgo expone con intensidad los "huecos del alma". Por eso solo debería tener poder quien tiene inteligencia para lidiar con sus propias emociones, y empatía para así relacionarse con otros. Cuanta más visibilidad, más vulnerabilidad.

Las consecuencias de la falta de excelencia emocional son inmensurables, pues un líder herido puede herir a toda una generación.

Ha visto a Adolfo Hitler (1889-1945), el dictador alemán nazi.

Todos saben que él persiguió y mató a cerca de seis millones de judíos durante la Segunda Guerra Mundial. Lo que muchos desconocen es que Hitler se enamoró en su adolescencia de una joven judía, y fue rechazado por ella.

Entiende que la propia psicología corrobora que alguien que fue herido herirá. Detrás de un abusador, existe un abusado. Quien oprime a los que están por debajo, antes ya fue oprimido.

Dale poder a una persona herida y tendrás un dictador, un asesino de sueños, un destructor de destinos.

Una Vida Actualizada entiende que ser inteligente en las emociones es uno de los mayores desafíos del siglo XXI. Su C.I. (coeficiente de inteligencia) ya no es tan valorizado en el mercado de trabajo y el mundo corporativo, como su C.E.(coeficiente emocional).

La falta de habilidades en las relaciones, la disminución de argumentos inteligentes, y el fin de empatía son características intolerables en estos días actuales. ¿Por qué?

Porque vivimos en la era de la industria del placer. Sentirse bien es lo principal. Ser feliz es la meta, y no importa lo que cueste (así vive nuestra generación, no creo que debe ser así).

Una empresa actual está cambiando currículos excepcionales por personas excepcionales. Tu expresión emocional puede derrotar o promover sus conquistas académicas. ¡Este es el mundo de hoy!

Solamente la excelencia emocional proporciona flexibilidad.

El ser humano actual desea confort, y eso incluye las emociones. Por eso, existe tanto entretenimiento y poquísimo entendimiento en esta década. El entretener, distraer, provoca placer. El entendimiento amplía el saber y provoca incomodidad.

Las personas comunes necesitan lidiar con las emociones; los líderes necesitan dominarlas.

Para eso recurro nuevamente a la palabra flexibilidad. Si no somos flexibles, no hay oportunidad de actualización.

Somos seres emocionales y si no recibimos entrenamiento de excelencia, las emociones nos conducirán a vivir de forma primitiva, a base de reacciones e instintos.

Las emociones pueden ser pasajeras, mas también, si no sabemos lidiar con ellas, podemos eternizarlas.

Mira el odio, por ejemplo. Tú puedes sentirlo un día o la vida entera. Sufrir por algunas horas o masticar el dolor por años.

La estabilidad de una emoción depende completamente de su nivel de entrenamiento para lidiar con ella y dominarla.

Las contrariedades, traumas, reacciones y privaciones continuarán sobreviviendo en cuanto estemos emprendiendo en esta vida. ¡Las emociones son inevitables. Ellas simplemente vienen!

Sin embargo, con el entrenamiento correcto, podemos conducirlas para donde queremos, para que jamás seamos engañados y derrumbados interiormente.

Un ser emocional, sin excelencia emocional, no conseguirá encajar en el patrón ético exigido por la sociedad actual, y acabará siendo excluido fácilmente del medio colectivo.

Resalto: emoción sin educación es "primitivismo".

No podemos ser "hombres de las cavernas" en el mundo en que vivimos hoy. Llegó la hora de entrenar sus emociones, y tener Una Vida Actualizada.

Recuerden que en la introducción de este libro conté que uno de los mensajes que aparecieron en mi iPhone cuando intentaba actualizar su sistema operacional fue: "Sin batería suficiente para actualizar". Entonces…¡sin batería, sin chance!

¡Necesitas recargar las energías!

Conozco personas que ocupan altos cargos de liderazgo y que están en el fin de su "batería", viendo el mundo cambiar monstruosamente sin poder reaccionar ni actualizarse, pues, para eso, tendrían que quedarse un tiempo conectados a la fuente, apenas recargando, reciclándose.

Quien no separa un tiempo para recargar las baterías quedará desamparado en momentos que más necesite.

¿No es así que sucede cuando salimos a la calle, y olvidamos en casa el cargador del *smartphone*?

Cuando aquel *e-mail* importante está llegando, cuando aquel mensaje de *WhatsApp* tan esperado comienza a ser enviado, cuando un comentario importante en su red social es escrito… biennnn… ¡se acaba la batería! Somos privados de informaciones y conectividades cuando quedamos sin ella.

Con nuestras emociones, eso es mucho más serio.

Cuando estamos descargados emocionalmente, nada más funciona. La vida social, espiritual, financiera, familiar, sexual, y profesional se descontrola, y podemos entrar en caminos sin rumbo alguno.

Después de superar muchos problemas emocionales, las emociones nos quieren dominar. Ellas necesitan de eso para existir. Ellas tienen sed de control.

Sin embargo, analiza el fin de una persona que toma una importante decisión con base en la rabia.

¿Y quien escoge su futuro con miedo?

¿Y qué decir, de quien promete cosas porque está bajo el efecto de la alegría?

¿Y quien desiste por estar triste?

Las emociones deberían ser placas deseñalizadas, y no factores decisivos.

No podemos permitir que ellas tomen el control de nuestras vidas, y hagan un lugar en nosotros. Decidir y escoger deben ser hechos por medio de análisis, consejos y con prudencia; nunca emotivamente. En este caso, debemos evocar a la razón.

Cuando no somos los gestores de nuestras emociones, muchas cosas salen de control. Los factores externos son clásicos: fin de las relaciones, peleas con aquellos que amamos, angustia profunda, insomnio, alteración de voz, irritabilidad constante.

Pero los factores internos son los que realmente nos pueden derrumbar. Son ellos los que afectan nuestro humor, nuestro sueño, nuestros pensamientos y principalmente, nuestra salud psíquica.

Los cambios son externos, las transiciones son internas.

Lo que acontece afuera va a generar una transición del lado de adentro.

Saber lidiar con esas transiciones es lo que determina el nivel de su salud emocional.

Vi muchos líderes espirituales perder lo más importante de sus riquezas, las personas que los rodeaban, por causa de problemas emocionales.

Tú puedes conquistar muchas cosas como líder por causa del don, del talento y tus habilidades, mas nada garantiza que esas cosas continuarán en sus manos.

EL PRIMER PASO PARA LA EXCELENCIA EMOCIONAL ES LA HUMILDAD.

El primer paso para la excelencia emocional es la humildad.

Sin ella, no reconocerás cuánto te equivocaste, a cuántos ya heriste, y lo que necesitas aprender para no volver a repetirlos.

"A la honra precede la humildad", dijo Salomón (Proverbios 15:33 RVR 1960).

¡Desarróllate!

Con humildad, entra en el camino de la excelencia, sé flexible en los cambios, encuentra la paz interior colocando cada emoción en su debido lugar. Parece un simple y retórico consejo, mas aquí está el secreto.

La inteligencia bíblica nos revela mucho sobre la inteligencia emocional.

El propio Jesús estuvo tres años y medio entrenando y refinando a sus discípulos en el carácter y las emociones. La parte espiritual (a la que llamamos derramar del Espíritu Santo) Él solo la libera días después de su ascenso a los cielos, como es relatado en Hechos 2. Entendemos teológicamente que el Espíritu es poder, y si Jesús diera poder a las personas sin que tuvieran excelencia en las emociones, ellas usarían eso para herir a otras personas.

Notemos que la Biblia relata que Santiago y Juan, cuando vieron un grupo que no andaba con ellos y que no querían recibirlos, pidieron a Jesús que mandase fuego del cielo para quemarlos vivos (Vea Lucas 9:54). ¿Tienes noción de lo que harían ellos si tuvieran poder antes de que se volvieran excelentes emocionalmente? Excelencia emocional no está relacionada a los dones, y sí a los frutos. Y de todos los frutos del Espíritu, dos definen lo que es inteligencia emocional: mansedumbre y dominio propio. Sin eso, matamos a las personas. Y, en la mayoría de las veces, usando las palabras como arma.

Mas con la mansedumbre y dominio propio tenemos:

- Ganas de elogiar más que criticar
- Calma para decidir en momentos de caos
- Control de nuestros impulsos, acciones y pensamientos
- Seguridad emocional
- Liderazgo
- Un saludable debate interior
- Sentimientos en orden
- Aversión a los celos
- Altruismo
- Placer en contemplar la creación divina
- Poder para romper las creencias limitantes

Todos nosotros de una forma u otra recibimos palabras negativas, ofensivas y desalentadoras en la infancia/niñez.

Algunos, en un grado más avanzado, escuchan de sus propios padres o superiores (profesores, tíos, abuelos) cosas de este tipo: "Tú nunca serás nada", "Siempre serás pobre", "Eres un burro", "Si algún día conquistas algo vas a perder igual a fulano", etc.

Otros, de alguna forma, fueron abusados física o verbalmente. Y eso destruye la inocencia, y trae enfermedades emocionales.

Muchas personas que atendí en el mundo afuera demostraban fuertes creencias limitantes. Luego en las primeras sesiones, yo identifiqué hombres y mujeres que poseían cierto poder interior, mas eran "bebés" por dentro.

Las creencias limitantes son voces que surgen en nuestra mente cuando estamos a punto de conquistar algo, delante de una gran oportunidad, o cuando una grande ventana se abre y nos invita a un futuro brillante.

LAS CREENCIAS LIMITANTES SON VOCES QUE SURGEN EN NUESTRA MENTE CUANDO ESTAMOS A PUNTO DE CONQUISTAR ALGO.

Las voces salen de nuestras "cavernas interiores", y comienzan a gritar: "Tú no puedes", "No conseguirás", "Vas a fallar", "Tú no mereces", "Si conquistas ahora, la vergüenza de perder será mayor después".

Solo hay una forma de vencerlas: confrontándolas con la realidad.

Un coachee me dijo en una de las sesiones, que nunca hacía las cosas bien; que todo le salía mal.

Él repitió eso algunas veces. Entendí que era una creencia limitante y contesté:

"Rodrigo, ¿hiciste facultad?".

"Sí", respondió.

"¿Te casaste?".

"Sí", me dijo.

"¿Pagas las cuentas y vives con el salario de la empresa donde trabajas hace años?".

"Sí".

"¿Tienes hijos?".

"Tengo dos".

"Entonces, Rodrigo, ¿cómo me puedes decir que no haces nada bien? ¿Cómo que todo te sale mal, si las principales cosas de tu vida las estás haciendo bien?".

Él reflexionó, reflexionó. No se contuvo, reconoció el valor de lo que ya había realizado, y lloró.

Tenemos que recordar que es una tendencia natural del ser humano ser generalista y exagerado.

"Todos me persiguen".

"Nada es de la forma que yo quiero".

"Es siempre así".

"Nunca haces lo que yo digo".

"A NADIE le gusto".

Esas, dentro de otras, son las frases típicas. Las creencias limitan, y la generalización en distintos lugares ha destruido muchas relaciones, dañando muchos hogares, quebrando muchos pactos, devastando muchos negocios.

¡Rompe lo que te limita!

Variaciones de humor

¿Sabes de aquel momento que tienes miedo de hablar con aquel líder, porque no sabes cuándo él estará bien o mal? ¿Feliz o triste? ¿Con voz mansa o agresiva?

Las variaciones de humor son fruto de una vida emocional sin educación. Y sin dudas, empíricamente hablando, tener humor constante es cuestión de entrenamiento. Soy un ejemplo de eso.

A veces yo despertaba y estaba de bien con la vida, y al otro día yo no quería hablar con nadie. Mis funcionarios me confesaron en un "brainstorming" que tenían temor de entrar en mi oficina y conversar sobre algo de la empresa, principalmente si era algún problema, porque nunca sabían cómo yo iba a reaccionar.

¡Wow! Jamás identificaría eso en mí mismo. Esa es la importancia de un equipo eficaz: hablar abiertamente lo que se necesita ser discutido y resuelto.

Cuando noté que necesitaba ayuda, rápidamente comencé a estudiar sobre el asunto, y descubrí que solamente entrenando mis emociones yo sería mejor. Solo así tendría el humor equilibrado.

No importa cómo fue mi día, yo decidía ser siempre la misma persona. Y ya que yo podía escoger, entonces decidí ser el mejor.

Mi filosofía cambió, con lluvia o sol, con dinero o sin dinero, sonreír comenzó a ser parte de mi rutina, y apretar las manos y abrazos calurosos eran distribuidos gratuitamente. Declarar solamente cosas buenas y positivas se tornó en una obligación para mí.

Fue ahí que me di cuenta de que ser feliz y hacer a otros felices no depende de factores externos, de cómo el mundo está, o de lo que hacen conmigo, y sí de cómo yo decido cómo será mi día; de cómo lidiar con las transiciones dentro de mí mismo.

El humor es un factor muy importante para que seamos aceptados. Nadie quiere estar cerca de un malhumorado. Ya el que tiene buen humor (no me refiero a ser un chistoso, y sí tener equilibrio) no es fácilmente olvidado.

Recuerda: tu humor influye directamente en cómo las personas te verán. Y cómo te recordarán.

No crees más disculpas. Decide ser dueño de tu futuro y ser bien humorado.

> **LAS CONTRARIEDADES TIENEN DOS FUNCIONES: ENTERRARTE O HACERTE ASCENDER.**

Enfrenta tu rutina con una gran sonrisa, haciéndole frente a la situación.

Una Vida Actualizada entiende que nada es mejor que una contrariedad para promoverlo. Las contrariedades de la vida tienen dos funciones: enterrarte o hacerte ascender.

Lo interesante de todo esto es que la elección es suya. Cada uno define o interpreta la contrariedad como quiere.

Una cosa que puedo garantizar: las contrariedades nunca van a parar de llegar.

No importa si ganas un millón de dólares o 500 dólares por mes, mires al lado, mires para el frente, y verás bien de cerca la contrariedad.

Las dificultades del camino, los huecos que no esperabas en la autopista, el tiempo se acaba antes que lo previsto, la muerte de un ser querido llega de sorpresa, la economía del país que se descontrola… Siempre tendremos contrariedades cerca de nosotros.

Defino contrariedad como algo contrario a nuestra voluntad.

Queremos vacaciones en el Caribe, pero el dinero solo alcanza para alquilar unas buenas películas, y comprar *popcorn* para una semana.

Nos gustaría que estuviese el sol durante aquel evento tan esperado, pero el tiempo de lluvia echa a perder la belleza.

Cuando nuestra voluntad es frustrada por algo contrario, tenemos el chance de crecer o sufrir.

La vida está en constante transformación, y con los cambios aparecen las contrariedades.

Aprende a convivir con lo inevitable, y vencer lo que antes te derrumbaba.

Estabilidad y congruencia de pensamientos

Estabilizar pensamientos es para los fuertes. Literalmente, apenas los que consiguen fortalecer su mente pueden disfrutar de congruencia y estabilidad de pensamientos.

No conseguimos controlar lo que pensamos. En fracciones de segundos una imagen se forma en nuestra mente y, antes que notemos de qué se trata, ella ya está expuesta en nuestra imaginación. Y por ahí se queda.

Por favor, te pido que no imagines un ELEFANTE ROSA ahora.

¿Qué pasó?

¿Lo imaginaste, verdad?

Es imposible controlar los pensamientos, y pensamientos generan sentimientos (emociones), y sentimientos generan acciones. Pidiéndote "por favor" que no te lo imaginaras, no lo pudiste evitar.

Entonces, si no podemos controlar los pensamientos, ¿cómo seremos gestores de nosotros mismos? ¿Dueños de nuestro yo?

Los cinco sentidos registran automáticamente todo, simplemente todo lo que nos acontece desde que nacemos. La Teoría de la Inteligencia Multifocal llama eso la memoria RAM (Registro Automático de la

Memoria). Y nuestra plataforma mental, que crea los pensamientos, es formada por lo que ha registrado con los cinco sentidos, en especial, la visión y la audición. En verdad, 85 % de los registros en nuestra plataforma mental son de estos dos sentidos.

Entonces, si no podemos controlar pensamientos, podemos, al menos seleccionar mejor lo que será registrado a través de la visión y de la audición, para así "purificar" la construcción de nuestros pensamientos.

Selecciona rigurosamente lo que ves y lo que escuchas.

La felicidad no tiene nada que ver con el placer. El placer es un momento. La felicidad es una decisión.

ACTUALIZACIÓN 9: ¿QUIÉN ESTÁ EN EL COMANDO: TUS EMOCIONES O USTED? ¿QUIÉN DECIDE TU FUTURO? DOMINA TUS EMOCIONES, O ELLAS TE DOMINARÁN A TI.

Los sentimientos no son guías confiables de la conducta humana. Siendo así, ellos solo son positivos si son subordinados a la razón.

Razón es el censo de unidad entre experiencia y memoria, percepciones y sentimientos, hechos y palabras. Razón, úsala diariamente. No hay contraindicaciones.

Es preciso educar los sentimientos que son frutos de los pensamientos, reduciendo así sus efectos colaterales. Y la meta de esta educación es la madurez. La madurez emocional no viene con la edad, y sí con las responsabilidades asumidas y "guerras" vencidas.

Muchos líderes revolucionarios o intelectuales activistas, apenas hombres inmaduros que se proyectaron sobre la sociedad, vivían deseos subjetivos y egoístas, más allá de sus temores e ilusiones, produciendo de esa forma el mal en nombre del bien.

Estudia la vida de Josef Stallin (1878-1953), el líder de la extinta Unión Soviética, o Mao Tsé-Tung (1893-1976), el líder comunista chino, y sabrán de qué hablo.

Una Vida Actualizada conserva la esperanza aún delante de la opresión, y de los tormentosos sufrimientos. Frente a los problemas diarios, lo que nos hace sobrevivir y avanzar es la esperanza. Desarrolla madurez con esperanza, y tendrás una vida abundante.

> **DESARROLLA MADUREZ CON ESPERANZA, Y TENDRÁS UNA VIDA ABUNDANTE.**

Esclavos de lo que hablamos

De las varias formas de esclavitud que un hombre se puede someter en la vida, como las esclavitudes física, sentimental, emocional (cuando no se perdona a alguien, por ejemplo) y espiritual, la más común es la esclavitud de las palabras. Una vez que salen de la boca, ellas esclavizan al que las habló.

¡El silencio también es una forma de comunicación!

Uno de los secretos de la excelencia emocional es hablar poco; oír mucho, y solo abrir la boca para decir lo necesario.

Va aquí otro consejo del pensador Salomón, en Proverbios 13:3: *"El que guarda su boca, preserva su vida; el que mucho abre sus labios, termina en ruina".*

En el alma del hombre están los sentimientos, emociones, intelecto, voluntad. Quien guarda la boca según el noble sabio israelita, conserva sus emociones. Quien habla mucho atrae perturbación.

¡Es simple!

¿De qué lado estás?

No te pares para escuchar lo que hablan de otros. No te dejes contaminar.

No hables de nadie, ni para nadie. Tú ya tienes sus propios problemas para resolver.

Encuentra la manera de separarte del camino de los chismes, la contienda y la murmuración con aquellos que solo saben maldecir.

¿Acostumbras a hablar de otros? ¿Guardas secretos o los revelas?

¿Gritas cuando estás nervioso o cuando estás siendo contrariado? ¿Hablas de más? ¿Usas palabras torpes?

¿De qué lado estás?

Consecuencias de la falta de excelencia emocional

Responde a las siguientes preguntas:

1. ¿Despiertas cansado?
2. ¿Tienes dificultades para dormir?
3. ¿Te irritas fácilmente?
4. ¿Tienes dolores musculares, constantemente y sin motivos?
5. ¿Sufres por anticipación?
6. ¿Tienes dificultades en decir NO?

Si tus respuestas fueran "sí", es probable que ya estés afligido con lo que el Dr. Augusto Cury, médico psiquiatra brasilero, autor de la Teoría de la Inteligencia Multifocal, llamó SPA-Síndrome del Pensamiento Acelerado. Este síndrome alcanza a más de 75% de los líderes mundiales. La ansiedad quedó reconocida como el Mal de Siglo, y también es el enemigo de la excelencia emocional. La ansiedad destruye la calidad de la vida.

Una Vida Actualizada está siempre atenta si la SPA, ansiedad, depresión o cualquier otro síntoma de desgaste o desequilibrio emocional le está amenazando.

Vamos a hablar sobre eso ahora, con más calma.

Depresión

El exceso de peso ha llevado a muchos al borde del precipicio emocional. Este libro no tiene como objetivo abordar técnicas o explicar científicamente los procesos de la salud mental. Pero hago un "Alerta" sobre asuntos que debemos estudiar profundamente para que nos blindemos de nuestras emociones contra este tipo de ataque.

Cuando todo sale mal, cuando sufrimos una gran pérdida, cuando no vemos resultados aun con tantos años intentándolo, cuando somos traicionados o sorprendidos negativamente, ella toca la puerta de nuestro corazón: la depresión.

Está atento a ella.

De todos mis coachees, 35% reflejaban el cuadro depresivo. Escuché historias de mucho sufrimiento y de dolor. Infelizmente, cada ser humano interpreta el dolor de una forma, y eso determina si tendrá éxito en la vida emocional o no.

Mira que en el libro bíblico de Nehemías, él mismo recibe noticias sobre su ciudad, Jerusalén, que estaba destruida, con los muros quemados y el pueblo en grande miseria. Cuando la noticia devastadora llega a sus oídos, Nehemías se sienta, llora y lamenta por días.

La tristeza no es fácil de ser disfrazada. Por eso el rey notó que el rostro de aquel judío estaba abatido, y le preguntó por qué estaba así.

Nehemías, que era copero del rey babilónico en tierra de esclavos, responde que estaba deprimido por causa de las malas noticias que recibía sobre su ciudad, familia, amigos y coterráneos.

Por fin, él pide al rey que lo libere para una misión de reconstrucción, y el rey estuvo de acuerdo.

Nehemías interpreta el día malo, la noticia que todo estaba destruido, como una oportunidad. En 52 días, él reconstruyó Jerusalén, y se volvió el gobernador de ella.

¡Eso mismo: un siervo copero usó su dolor, no para ahogarse en la depresión, y sí para cambiar su futuro!

Pero con Mefiboset, nieto del rey Saúl e hijo del príncipe Jonatán, el mejor amigo de David, no fue así. Él no interpretó sus penas y dolores de la misma forma que Nehemías.

Cuando David preguntó si existía alguien en la casa del antiguo rey Saúl para ejercer misericordia para con él, alguien dijo: "¡Sí! Mefiboset, hijo de Jonatán, que tenía grave deficiencia en los pies". Entonces, David se alegró, y dijo: "Tráiganlo ya".

Al traer al joven, se asusta delante de David y declara: "¿Quién soy yo para estar en la presencia del rey, que no paso de ser un perro muerto?".

Observemos: Este joven era príncipe, venía del linaje real, tenía sangre noble en las venas.

La cita de 2 Samuel 4:4 nos informa que cuando Mefiboset tenía cinco años de edad, su nana al escuchar noticias que Saúl y Jonatán fueron muertos en la batalla, se apresuró para huir con él. Mas al correr, ella cayó con el niño, sus dos piernas fueron golpeadas gravemente, y se quedó incapaz de mover los pies para siempre.

La pérdida fue extrema apenas en un día. Perdió a su padre, a su abuelo, la sucesión al trono, las riquezas, los amigos, la ciudad donde nació, ¡todo! El dolor fue tanto que él vivió en otra ciudad como si fuese un "perro muerto". Un príncipe, un noble, que se veía como un nada.

Las pérdidas que no son bien administradas distorsionan la visión de lo que realmente somos. La tristeza gana paso libre para entrar en el alma y, por fin, nos escondemos como si fuésemos nada.

Mefiboset usó su dolor para sufrir, o para morir lentamente, para minimizarse, y hacerse la víctima.

El dolor y la pérdida solo sirven para dos cosas, insisto: para hacerte ¡crecer o sufrir!

> **LAS PÉRDIDAS QUE NO SON BIEN ADMINISTRADAS DISTORSIONAN LA VISIÓN DE LO QUE REALMENTE SOMOS.**

La depresión, por lo general, ha alcanzado más a las mujeres. No son pocos los casos que recibo de esposas de grandes líderes que no "soportan la presión", y hoy están depresivas.

Por increíble que parezca, en pleno siglo XXI, todavía existe resistencia en buscar ayuda especializada; en este caso, la de un psiquiatra.

La ayuda espiritual es importante, pues da dirección, apunta el destino, se usa la fe como palanca para volver a la vida normal. Sin embargo, no debemos dejar de lado a los profesionales.

Ataques de pánico

Los ataques de pánico están cada vez más comunes. El aumento gradual y espantoso de ese tipo de episodio entre el liderazgo es un asunto en pausa. No podemos tratar lo que no conseguimos identificar.

El pánico es la evolución maligna del miedo. El miedo hasta cierto punto es natural, y es un aviso interno. Si yo estuviera en lo alto de una montaña y me inclinara para ver los peñascos, el miedo me avisaría que estoy en peligro.

En general, el ataque o síndrome de pánico es desencadenado por la evolución del miedo o por el trastorno de ansiedad. Les aseguro que es una de las experiencias más penosas que un ser humano puede pasar. En 2008, fui atacado por una depresión, seguido de ataques de pánico. En mi libro "Rumbo al lugar deseado" cuento sobre esa etapa de mi vida.

Nadie está libre de eso. Aquellos que no saben lidiar consigo mismos, no reeditan el pasado y no plantan las semillas de la inteligencia en el presente, están condenados a un futuro malo.

La ansiedad, normalmente, es la antesala del miedo, como dice el psiquiatra y escritor argentino Sebastián Palermo, con quien tuve el privilegio de estar por algunas horas aprendiendo más sobre este tema.

En su libro "Aprendiendo a sentir", el Dr. Palermo muestra algunas definiciones sobre las ansiedades, basándose en el Manual de Salud Mental de la Asociación de Psiquiatría Americana (DSM IV). Entre ellas:

"Trastorno de Ansiedad Generalizada": se caracteriza por una ansiedad y preocupación excesivas, difíciles de controlar, que provocan un deterioro en la calidad de vida y llegan a afectar directamente la vida profesional, social y familiar. Estas preocupaciones son intensas, permanentes y perturbadoras. Las personas que sufren de ansiedad tienen serias dificultades para disfrazar la inquietud, y todos a su alrededor notan que algo está mal.

Los síntomas que acompañan la ansiedad son: fatiga, insomnio, dificultades de concentración, temores, irritación constante, tensión muscular, inquietud motora (mecer las manos en todo momento, batir los pies), sudor excesivo, náuseas, sequedad de la boca, diarreas, y a veces, incontinencia urinaria.

Por eso, cada día que pasa creo más en la Biblia como la verdad absoluta. Tantos milenios pasaron, y ella sigue siendo actual. ¿Quieres ver?

Mire lo que dicen estos versículos:

Filipenses 4:6 (RVR 1960): *"Por nada estéis afanosos."*

1 Pedro 5:7 (RVR 1960): *"echando toda vuestra ansiedad sobre él, porque él tiene cuidado de vosotros".*

La ansiedad como trastorno social fue prevista hace siglos por el manual de la vida del Homo Sapiens: la Biblia.

¿Has tenido o has conocido a alguien que sufrió un ataque de pánico? ¿Y trastorno de ansiedad? ¿Algunos de los síntomas que mencioné lo han visitado diariamente?

No te sientas mal si las respuestas fueron sí. Este es el mal que más crece en nuestra década.

Necesitamos estar fuera de esas estadísticas si queremos tener un chance de actualización.

Salud emocional es primordial en estos tiempos. ¡Quien tenga más excelencia en esta área vence!

Vence en la familia, en la profesión, en las finanzas y en el amor. Se libra del miedo, del pánico y de la ansiedad. Busque un especialista en el área, pida ayuda a personas de confianza, y tenga un mentor espiritual.

¡Actualiza tu vida!

Cansancio físico y mental

No es novedad que la vida emocional puede afectar nuestro desempeño físico y mental. El número de ejecutivos y líderes institucionales con fatiga y altísimo nivel de estrés es incontable.

¿Recuerdas la historia sobre la necesidad de recargar las baterías?

Cuando estamos cansados física y emocionalmente, muchos imprevistos que serían fáciles de ser llevados se vuelven en grandes villanos en nuestra vida.

El cansancio disminuye nuestro rendimiento en un mundo competitivo que está listo a tragarnos. No podemos darnos el lujo de emprender cansados esta vida.

> **REVITALIZARSE, RENOVARSE Y ACTUALIZARSE ES OBLIGATORIO PARA QUIEN DESEA VENCER.**

Revitalizarse, renovarse y actualizarse es obligatorio para quien desea vencer.

Tener un sueño reparador de un mínimo de seis o siete horas por día, alimentación saludable, practicar ejercicios físicos por lo menos tres veces a la semana, y tener un hobby son las providencias físicas que necesita tomar para así protegerse del desgaste.

Sin embargo, eso apenas contribuye. Las emociones generalmente son las que dirigen su vigor físico y mental.

Por eso, graba esta palabra: ¡ORDEN!

Tu vida emocional necesita estar en orden.

Y para dejarla "al día", necesitas:

+ Perdonar, sea lo que sea.

Perdonar no es olvidar. Es recordar sin dolor.

Recientemente, vi el brillo invadir los ojos de una funcionaria nuestra. Fue que ella siguió nuestros consejos, y perdonó a un pariente que hizo algo terrible contra ella hace 15 años atrás. Cuando el perdón no llega, la paz se aleja.

+ Colócate en el lugar del otro.

Antes de juzgar, sentir rabia, condenar, insultar, hablar cosas o rebatir, ¡cálmate! Respira hondo y ponte en el lugar del que te hirió, te trató mal, hizo algo que no te gustó, o en lo que no estuviste de acuerdo.

La empatía nos protege emocionalmente, y garantiza que la madurez sea nuestra aliada.

+ Critica, cuestiona y duda de tus sentimientos negativos.

Cuando el miedo, la rabia, el odio, el deseo de venganza o el rechazo golpeen la puerta de su corazón, no dejes que entren sin antes criticar esos sentimientos.

Es necesario cuestionar por qué ellos son tan intensos; principalmente dude el nivel de la realidad de ellos.

Recuerda que la mayoría de nuestros sentimientos negativos y destructivos no son reales. Nuestra mente tiene el poder de crear y potencializar sentimientos a partir de pensamientos o interpretaciones equivocadas de la realidad.

Queridos lectores, ya vi a mucha gente competente, mucha gente próspera, personas altamente capaces, que perdieron todo porque no conquistaron la excelencia de sus emociones. No seas uno de ellos. No confíes apenas en tus talentos y conquistas. Sabe que lo que está adentro, y no afuera, es lo que determinará tu éxito o fracaso.

Prioriza eso. Da atención a esta área de tu vida.

No dejes que pasen los días en vano. Certifícate de que vives lo mejor de tu ICP- Idea Central Permanente-, de tu propósito, cada mañana.

De 0 a 10, ¿cómo estás en tu vida emocional hoy?

_____

_____

Dependiendo de la respuesta, relee este capítulo si es posible, hoy.

CAPÍTULO 10
RIQUEZA INTELIGENTE

88 % actualizado

Debilidad es creer que tener problema es un problema.

Quien nunca tuvo problemas financieros, que tire la primera piedra.

Tener problemas no es un problema. Los contratiempos hacen parte de esta vida. Y tratándose de finanzas, eso es todavía más común. Raro y anormal es **vivir** con problemas. Algunos los tienen como un miembro eterno de la familia.

Platón, en su célebre libro "La República", dice que "la necesidad es la madre de nuestras decisiones". Desde lo básico hasta lo superfluo decidimos por lo que necesitamos. El punto crucial es definir cuáles son las necesidades reales, y cuáles son invenciones de nuestra mente para llenar los vacíos emocionales y existenciales.

A la verdad, el problema nunca es problema. Hay **patrones** que crean esos problemas. Si resuelves el efecto sin identificar y resolver las causas que lo generaron, no se resuelve nada. No se puede solucionar el efecto sin eliminar las causas. En mi segundo libro, "Dinero es emocional", revelo algunas bases para esa idea, y cuento casos que aclaran el asunto.

Explico que mucha gente tiene serios problemas con dinero (efecto), pero que la causa de ellos es emocional.

Las frustraciones y privaciones del pasado terminan influenciando nuestro destino financiero.

> **UNA VIDA ACTUALIZADA CREE QUE EL DINERO NO TRAE FELICIDAD, Y SÍ LIBERTAD.**

Después de todo, ¿será que solo tendrás que pagar las cuentas para siempre, y apenas sobrevivir?

¿Cuál es la diferencia entre nosotros y los esclavos, teniendo en cuenta que una de las definiciones de esclavo es uno que trabaja con gran esfuerzo o tortura para comer y dormir?

Cualquier parecido con la realidad es pura coincidencia.

Una Vida Actualizada cree que el dinero no trae felicidad, y sí libertad.

"Con la libertad podemos tener tiempo para conquistar la felicidad" (Nelson Mandela).

Entiende que una de las funciones de la actualización del iPhone, según un famoso sitio web de tecnología, es: "corrección de *bugs* en todo el sistema operativo".

Bugs son las fallas o errores en los códigos de un programa.

Es decir: si no nos actualizamos, nunca encontraremos los *bugs* de nuestra vida financiera. Y muchos de esos defectos no estarán más visibles, porque estarán codificados.

No soy fan de la teología de la prosperidad. No creo que la fe pueda pagar las cuentas o librarte del "SPC" (Servicio de Protección de Crédito). Yo creo en la planificación, en la disciplina, el trabajo, y en las estrategias de inversión. Todo eso regado con una fe inqrebrantable.

Sería ignorancia de mi parte refutar lo que es obvio. Lo que garantiza una vida plena incluso en la parte financiera es cumplir los principios milenarios bíblicos.

Estuve más de 40 veces en Israel, y estudié con profundidad sobre la riqueza del pueblo judío. El diezmo (10% de todos los ingresos que judíos y cristianos dan a Dios) es la razón más citada para señalar por qué hay tanta sabiduría y prosperidad. Si hablas con los empresarios cristianos más exitosos del mundo, le dirían la misma cosa.

Observa que no me refiero a pertenecer a una religión, sino a cumplir las normas de la inteligencia bíblica. La religión no tiene la función de prosperar a nadie. Pero cumplir los principios promueve esto.

Entonces llegué a la conclusión de que ni la teología, ni las filosofías positivas, tales como la autoayuda, pueden enriquecer al hombre. Solo los principios bíblicos.

Adquirir riquezas es un don concedido por el Creador. Y los que las tienen deben ser buenos mayordomos de lo que les fue confiado, y descubrir el propósito de esta riqueza aquí en la tierra. Créedme que tu felicidad dependerá de esto; no de la riqueza, pero sí del propósito.

Por lo general, esta ICP - Idea Central Permanente (propósito) está unida a patrocinar los proyectos que irán a beneficiar a la humanidad.

Para los que no recibieron este don no hay problema, porque administrar es un trabajo como cualquier otro. Tiene sus placeres y sus desgastes, pero no confunda las verdaderas riquezas con la vanidad ni con la futilidad de la ostentación.

ACTUALIZACIÓN 10: PROSPERAR ES UNA DECISIÓN QUE PATROCINA NUESTRO PROPÓSITO AQUÍ EN LA TIERRA.

La riqueza atrae gran responsabilidad con la humanidad. Entonces si su motivación es su "propio vientre", este don no estará disponible para usted.

Todos nacemos con la capacidad de pensar, escoger, desarrollar ideas, y soñar. La inteligencia vino con un regalo del Creador para realizar todas esas capacidades al mismo tiempo, y después tener conciencia de la recompensa.

Riqueza inteligente es riqueza con propósito.

> **RIQUEZA INTELIGENTE ES RIQUEZA CON PROPÓSITO.**

Lo difícil es vivir todos los días llenos de limitaciones y contrariedades, desanimados por las situaciones difíciles, distraídos por el exceso de entretenimiento, y conseguir, ver y practicar los principios que no nos garantizan una vida verdaderamente rica.

La riqueza financiera solo es una porción de la verdadera riqueza.

5 cosas que una Vida Actualizada debería entender sobre la riqueza:

1. Los consejos valen más que las opiniones

En estos días, las opiniones han dominado la vida de algunos. Las personas se mueven por ellas, toman decisiones por lo que los demás hallan, e incluso se dejan influenciar por la "filosofía de Facebook". ¡Créanme!

Cada vez es más raro encontrar personas blindadas contra las opiniones ajenas. El problema de la opinión es que cualquiera la puede dar. Pero los consejos solamente los pueden ofrecer tres tipos de personas:

1. Quien te ama
2. Quien tiene más experiencia que tú
3. Quien es especialista en el asunto

Salomón, el hombre más rico y sabio que existió, según la historia, fue el rey de Israel. Después de su padre, el gran rey David.

Él escribió en su libro clásico de Proverbios 24:6: *"En la multitud de consejos se encuentra el éxito pero en la ausencia de consejeros los proyectos fracasan".*

Cuando queremos iniciar un proyecto de vida, comprar un inmueble, abrir una empresa, invertir dinero o cualquier otra cosa que nos pueda generar riqueza, ¿a quién escuchamos?

Este es un punto que define tu futuro financiero: ¿escuchas opiniones o escuchas consejos?

¿Quién guía tus pasos?

Una Vida Actualizada se basa en:

1. Descubrir quiénes son los especialistas
2. Discernir quiénes son las personas que nos aman
3. Encontrar personas que ya pasaron por aquello que quieres emprender.

Cuando escribí el primer libro "Rumbo al lugar deseado", escuché las opiniones de algunas personas. La mayoría me desanimó. Escuché cosas como: "¿Quién eres tú para escribir un libro?", "Acaso tienes tiempo para eso?", "Eres muy joven para pensar que puedes enseñar a alguien".

Las opiniones fueron tan limitadas, que decidí buscar consejos.

Primero busqué a mis padres (que son los que me aman).

Después busqué a un gran periodista en el mercado (especialista), que es mi hermano Daniel.

Y por último recurrí al campeón de ventas de libros de los dos últimos 10 años en el Brasil, el doctor Augusto Cury (era el que tenía experiencia en el asunto).

Todos me confrontaron, señalaron todas las dificultades que tendría, y me dijeron lo que yo necesitaba mejorar, pero al final se pusieron de acuerdo que lo debería publicar.

Por la opinión de los demás, mi libro jamás habría salido del papel. Por los consejos, yo todavía necesitaba mejorar, pero debía publicarlo.

El libro "Rumbo a lugar deseado" fue por un año entero el más vendido por la editorial que lo publicó. Y se distribuyó en las principales librerías del país, y fue recomendado por el mayor escritor del Brasil.

No emprendas nada sin saber para dónde estás yendo. Busca consejos. Paga el precio para obtenerlos. Tener buenos consejeros y mentores excelentes cuesta carísimo. Pero aún así te saldrá más barato que vivir una vida financiera desactualizada.

Me acuerdo que para aproximarme a Roberto Navarro, CEO del Instituto de *Coaching Financiero* y de la *Matrix Invest* pagué (en muchas cuotas) dos cursos, lo llevé a cenar, en otro momento hice un viaje a los Estados Unidos para participar del tercer curso, compré todos sus libros, y por fin comenzamos a hablar de mis finanzas personales.

Un buen consejero, específico y disponible no es fácil de encontrar. Y si llega a encontrarlo, pague el precio que sea necesario para poder estar cerca de él. Una Vida Actualizada necesita de mentores inteligentes, consejeros de la riqueza.

En el mundo globalizado, capitalista y próspero como el de estos días, una persona actualizada puede tener gran acceso a la riqueza, pues ganar dinero dejó de ser el problema. Mantenerlo y multiplicarlo es la gran dificultad actual.

Un mentor financiero es más que un libertador; es el guía de las inversiones.

Siempre que quieras o necesites lidiar con finanzas en el cargo de líder (sea de usted mismo o de otros), ten consejeros cerca. Si es necesario, forma un equipo para eso.

Tu margen de error disminuirá drásticamente. Tu nivel de aciertos aumentará. Créme que algunas opiniones apenas nos distraen, pero hay poder en los consejos.

Los consejos generan ideas, y las ideas bien ejecutadas enriquecen.

Haz una lista ahora de las personas a quienes te gustaría tener como mentores financieros, como consejeros de riquezas.

_____

_____

_____

_____

Después que identifiques quiénes podrían ser esas personas, desarrolla una estrategia para llegar hasta ellas.

_____

_____

_____

_____

Un consejo: No puedes presentarte delante de un rey con las manos vacías. Esa no es solo una regla básica de la etiqueta social, mas también es un principio bíblico.

Regalos aproximan a las personas. Y personas aproximan propósitos.

2. Las preguntas son más importantes que las respuestas.

En Éxodo 2, leemos una historia muy interesante. Moisés, que vino a ser un gran héroe hebreo, nació durante una terrible persecución egipcia contra su pueblo, que en aquella época era esclavo.

En aquel tiempo, había un decreto de Faraón que todo niño hebreo nacido en Egipto debía morir. Menciono aquí a una madre desesperada que no podía continuar escondiendo a su hijo de tan solo tres meses de vida, y decidió ponerlo en un cesto, y dejarlo en el río Nilo. Me refiero a Jocabed, la mujer que dio a luz al libertador Moisés.

Cuando el bebé ya estaba en el cesto dentro del río Nilo, la hija del Faraón bajó con sus doncellas para bañarse, y encontró el cesto con el niño, y se compadeció de él.

Fue en ese momento que algo increíble sucedió. Mirian, hermana de Moisés, que observaba de lejos todo lo que le pasaba a su hermanito, se acercó a la hija del Faraón y le hizo una pregunta: "Hola, con permiso. ¿A usted no le gustaría que yo buscara una nodriza entre las hebreas para que le cuide al niño?".

La pregunta sugirió una idea, y produjo un destino. Y la hija del Faraón respondió: "¡Sí!".

Entonces Mirian corrió a buscar a su propia madre, la madre de Moisés. Cuando Jocabed llegó a la presencia de la princesa, le declaró: "Cuídame a este niño y yo te pagaré". Con tan solo tres meses de edad, Moisés comenzó a cumplir su destino en aquella tierra, y liberta a la primera persona de su pueblo: ¡a su propia madre! ¡Exacto! Aquel día ella dejó de ser una esclava para ser una empleada con sueldo.

Todo sucedió por causa de una pregunta. Pero existen personas que dejan de hacer preguntas por vergüenza. ¿Ya pensó lo que hubiera pasado si Mirian hubiera sentido vergüenza en aquel momento, y no hubiera hecho aquella pregunta?

El propio Jesús, la mente más inteligente que pasó por esta tierra, no estaba acostumbrado a responder, pero adoraba preguntar.

Él conocía el poder de una pregunta.

Cuando venían a preguntarle si Él era el Mesías esperado de Israel, contestaba preguntando: "El bautizo de Juan el Bautista, ¿es del cielo o de la tierra?". De esa manera confundía a los que preguntaban. Entonces ellos salían sin poder sorprender a Jesús.

David también era partidario de las preguntas poderosas. Cuando Abisai, su hombre de confianza, quiso matar a Saúl con un solo golpe mientras el rey dormía, David le preguntó: "Abisai, ¿tú conoces a alguien que tocó al ungido del Señor, y se quedó por inocente?". Abisai desistió de matarlo (ver 1 Samuel 26).

Las preguntas son más importantes que las órdenes directas. Entonces, ¿como podrías utilizar las preguntas en pro de conquistar las riquezas inteligentes?

Así como Mirian desató un destino por causa de una pregunta, David hizo cambiar la intención del corazón de Abisai con una pregunta. Usted puede llegar a niveles de riqueza con los cuales nunca soñó, con solo saber hacer las preguntas correctas.

Para aclararte este asunto, te hago la siguiente pregunta: ¿Qué es lo que sueles hacer cuando estás delante de alguien importante? Algunos tiran *selfie*; otros hacen preguntas que cambian destinos.

Fue el caso de un joven mensajero que, por dos años, insistió en hablar con el director de un gran banco. Después de muchos intentos y mucha insistencia, el director lo atendió por dos minutos. Cuando el joven entró en la oficina, rápidamente el Jefe le dijo: "Muchacho, tienes dos minutos". El joven le respondió sonriendo: "No necesito todo ese tiempo!". Yo vine para hacerle solo una pregunta: "¿Cómo hago para tener un banco?".

El director sonrió desconfiado e incrédulo, mas ya que le había prometido aquellos minutos al mensajero, le explicó cómo era el proceso. Hoy, 20 años mas tarde, aquel joven que sabía hacer preguntas, es dueño de un banco. Esta historia es real, y yo soy *coach* de este banquero, un ex mensajero.

Preguntas para reflexión; responde.

1- ¿Por qué todavía no he llegado al nivel de riqueza que va a patrocinar mi propósito en esta tierra?. Escribe lo que venga a tu mente en este momento.

_____

_____

_____

2 - ¿Cuál es mi referencia de riqueza inteligente? ¿Tengo un modelo a seguir?

_____

_____

_____

3 – Lo que oyes y ves formatea tus pensamientos.

La neurociencia declara que nuestros pensamientos son creados por una plataforma mental que es formateada por los cinco sentidos, en especial, la audición y la visión, como ya hablamos anteriormente.

Lo que oímos y vemos formatea nuestros pensamientos. Ya que no podemos controlar lo que pensamos (es simplemente imposible), ¿cómo podemos construirlo de forma saludable? Seleccionando lo que vemos y escuchamos.

Cuando se trata de riqueza, esa es una verdad todavía mayor.

Nadie es pobre o rico. Está pobre o rico. Dinero no le da una condición segura, y sí variable. Eso quiere decir que somos frutos de lo que vivimos en la infancia, de la educación que tuvimos, de las personas con quienes convivimos (somos el compromiso de las cinco personas con quienes convivimos), y de todo lo que escuchamos y vemos en esta vida.

Cuando decidí tener Riqueza Inteligente, invertí "pesado" en libros, cursos, palestras y seminarios. ¡Yo quería respirar todo aquello! Comencé a andar con personas que entendían de finanzas y riquezas. Me aparté de los que amaban "*el vino y los unguentos*", como dice Proverbios 21:17 (RVR 1960).

Yo quería pensar como los que prosperaron. Quería escuchar lo que ellos escuchaban. Descubrí que el secreto de la inteligencia financiera era aprender, probar y practicar. Aprendizaje, experiencia y práctica.

Aprendizaje, experiencia y práctica.

Aprender con aquellos que vencieron.

Probar los consejos de aquellos que vencieron.

Practicar las enseñanzas y la experiencia de aquellos que vencieron.

Ser mentoreado por las personas que ya conquistaron, aunque no los veas personalmente.

Una vez alguien me abordó después de una seminario que di sobre "educación financiera para iglesias e instituciones", y me preguntó: "¿No es aburrido vivir viajando? Colas de *check-in*, colas de embarque, esperas en las conexiones, vuelos largos... ¡Uf!, debe ser tedioso!".

Yo sonreí y respondí: "Jamás perdí tiempo en filas, esperas o vuelos largos. Siempre estoy con dos o tres libros en la mochila, decenas de seminarios en el iPad, revistas de neurociencia, *coaching* o teología en manos. Nunca dejo vacía mi mente. ¡Siempre estoy siendo productivo!".

Existen personas que pierden horas de su día viendo TV, mirando videos violentos o sensuales, hablando de la vida de los otros o leyendo sobre ellos, gastando sus preciosos minutos con lo que va a formatear sus pensamientos de forma malévola y muy distante de la Riqueza Inteligente.

Recuerda: lo que ves y escuchas formateará quién eres tú.

4- ¿De quién eres esclavo?

Por lo general, somos esclavos de algo o de alguien. Digo esto partiendo del principio que libertad es poder escoger. No siempre todo lo que tenemos y somos hoy fue nuestra decisión.

Cuando compramos una casa, por ejemplo, ¿escogemos la mejor, la de los sueños o compramos aquella que podemos pagar? Cuando vamos a un restaurant, ¿comemos lo que queremos o lo que el menú nos ofrece?

¡Libertad es tener el poder de escoger!

Si tú no puedes escoger, todavía eres un esclavo. Eso sirve para tus sentimientos, deseos, relaciones, y también para una vida financiera.

Para librarse de la esclavitud, la educación es el martillo que rompe las cadenas. Educarse financieramente es tan importante como la educación es fundamental.

Nota que los países con mayor índice de problemas financieros en su población y con grande crecimiento de las "iglesias de la prosperidad" son países sin educación en esta área.

¡LIBERTAD ES TENER EL PODER DE ESCOGER!

Sin educación somos fácilmente esclavizados. La manipulación solo ejerce gobierno entre los incultos. Edúquese, organícese, trabaje e invierta. Con estos pasos y en poco tiempo, las cadenas se van a romper, y sentirá esa paz que la libertad ofrece.

5- Los principios valen más que las oportunidades.

No todas las oportunidades que aparecen son para nosotros. Quien tiene inteligencia financiera entiende bien esto. Para tener acceso a la Riqueza Inteligente, o sea, a aquella que irá a patrocinar nuestro proyecto, nuestro destino en esta tierra, necesitamos aprender a analizar, estudiar, y saber escoger en la vida.

Hay veces en que las oportunidades aparecerán de una manera irresistible listas para nosotros. Como por ejemplo: la realización de un sueño, el cumplir propósito, pero... ¿cómo analizo si esta es una excelente oportunidad, y si es la oportunidad que espero?

Simple. Vamos a recurrir a la Inteligencia Bíblica. Vamos a volver a la historia de David y Abisai. Cuando David hizo la pregunta y frenó las ganas que Abisai tenía de matar a Saúl, una gran revelación existe ahí.

Matar a Saúl sería la gran oportunidad que David tendría para convertirse en rey. Y más: se estaría cumpliendo la profecía de Samuel. Pero había un problema que fue identificado por David. Esta oportunidad rompía un principio: el de tocar el "ungido del Señor".

De esa manera, entiendo que una oportunidad puede ser excelente, pero si se quiebra un principio, ella deja de ser su oportunidad. Principios valen más que oportunidades.

> **PRINCIPIOS VALEN MÁS QUE OPORTUNIDADES.**

¿Cuántas empresas quiebran cuando sus ejecutivos resuelven aprovechar una gran oportunidad? Pero era una oportunidad que quebraba principios de pagar impuestos. Otros aprovecharon la oportunidad para tener un ascenso, quebrando el principio de la honestidad. Y así sucesivamente.

Recuerda: el dinero solo sirve para servirte. Nunca lo contrario.

Cinco errores que una Vida Actualizada jamás debe cometer:

1- Gastar más de lo que gana.

Palabra clave: descontrolado.

Los descontrolados viven en problemas. Días de mucho, vísperas de nada.

Tener auto control financiero y emocional es la base para gastar menos de lo que se gana. Sin eso, nunca tendrá diferencias (ingresos y salidas) para poder invertir.

Quien vive sin disciplina, muere sin dignidad.

Haz de todo para que su auto control y disciplina se manifiesten ahora. Después, puede que sea demasiado tarde.

2- No ahorrar mensualmente para el futuro

Palabra clave: no inteligente

Es necesario inteligencia para hacer cuentas. Aun las más básicas exigen de nuestro cerebro.

El *Homo sapiens* nació con la herramienta de la inteligencia, y con una capacidad cognitiva apreciable. Pocos deciden pagar el

> **QUIEN VIVE SIN DISCIPLINA, MUERE SIN DIGNIDAD.**

precio de desarrollar y administrar la inteligencia. Por eso la dificultad en entender la importancia de la economía y de las inversiones para el futuro.

Así como 2 + 2 son 4, quien no ahorra todos los meses tendrá la certeza del fracaso.

3- No hacer planillas de proyectos y sueños

Palabra clave: desorganizado.

La desorganización es la madre de los malos proyectos. Una persona desorganizada no previene el futuro, por más que vea el presente. Escribir proyectos, planear sueños, hacer planillas de costos e ingresos es un principio básico para realizar grandes cosas.

4- No ser un donador generoso

Palabra clave: infeliz.

Grandes universidades ya descubrieron que el código de la felicidad está en donarse al prójimo y a las causas humanitarias. Por eso, hombres como Bill Gates, Warren Buffet y otros del mismo nivel hacen donaciones desesperadamente.

El sentido de la vida está en ser útil a la humanidad. El que no dona generosamente comete el gran error en su actualización como ser humano. Tratándose de liderazgo, el tema es todavía más serio. Porque no hay cómo liderar sin donar.

5- No andar con personas que son referencia en lo que desea ser y tener.

Palabra clave: necio.

La necedad le esclaviza en la TV, en las pasiones temporales, y en las personas vacías y sin destino.

No caminar lado a lado con quien ya es una referencia en aquello que le gustaría ser en el futuro, es una de las mayores "burradas" que el ser humano puede cometer.

Andar de manos con los que ya conquistaron lo que todavía soñamos es una clave para la actualización.

¡No cometas ese error!

¡Actualízate!

Yo, particularmente, entendí sobre Riqueza Inteligente cuando visité la India por la segunda vez. Fuimos a conocer una pequeña villa en West Bengali, próximo a Bangladesh. Allá, una escuela construida por misioneros latinos era la única esperanza de futuro de aquel pueblo.

Con US$ 18 mensuales se mantenía a un niño estudiando diariamente, con derecho a ropa escolar, material didáctico, alimentación, y clases de inglés. Porque solamente dominando este idioma, o el indiano, se tiene una oportunidad para destacarse en la sociedad.

Con el dinero que almorzamos en un día en el continente americano, pagaríamos el mes entero del sustento y la educación de un niño, y cambiaríamos su destino. El hecho es que personas transformadas transforman ciudades. Podemos cambiar una ciudad entera, una persona por vez.

Entendí que utilizar US$ 18 para patrocinar a un niño por mes era más inteligente que gastar el mismo valor en un almuerzo de apenas un día. Decidir para dónde va su riqueza, define quién es usted. Retardar nuestros placeres de la vida terrena para servir a los que nacieron con destinos marcados para la esclavitud es uno de los sentidos de administrar las riquezas.

¡Usa tu riqueza con inteligencia!

DINERO SOLO ES RIQUEZA SI SE USA CON INTELIGENCIA PARA SERVIR TU PROPÓSITO EN LA TIERRA.

CAPÍTULO 11
EQUIPOS ACTUALIZADOS

91% actualizado

Los líderes no son más un techo. Ahora
son plataformas de lanzamiento.

El tiempo en que los líderes eran lo máximo de una organización se acabó. La era en que eran lo máximo, y no permitían que otros crecieran terminó. Los líderes actualizados sirven de plataforma que promueve a sus líderes y a su equipo. Una Vida Actualizada sirve como guante para este nuevo modelo.

Bienvenido al penúltimo día de su actualización. Pronto estarás listo para ver lo mejor de ti.

Jesús enseñó: "Quien desee ser líder, sea el primero que sirve" (Lucas 22:26, paráfrasis del autor).

Aquellos que consiguieron ver el futuro, saben que los liderados no siguen más a las imposiciones, y sí a los ejemplos.

Jesus sabía de esto. Por eso en la última cena, Él decidió lavar los pies de sus discípulos para transmitir el mensaje de humildad. También porque sería muy difícil transmitir un sermón como ese. El ejemplo arrastra, y no deja espacio para posibles dudas o contestaciones.

LIDERAR DANDO EJEMPLO
LIDERAR POR RECONOCIMIENTO

Antiguamente solo se podía ser líder si un superior lo nombraba, o si le ponía una marca en sus hombros. Hoy día, los líderes son reconocidos. Son seguidos por el ejemplo diario que dan, y también por cómo lidian con las situaciones difíciles y controversiales de la vida.

Es en la dificultad que un líder revela sus motivaciones.

Histórica y bíblicamente hablando, aquellos que resuelven problemas difíciles reciben el gobierno aunque sea improbable, como es el caso de José en Egipto y Daniel en Babilonia. Por eso te digo: huir de problemas retrasa tu destino. Los problemas existen para ser resueltos, y nos promoverán a un nivel mayor.

La ley de la atracción es muy fuerte. Quiero decir que generalmente atraemos personas iguales a nosotros; de la misma clase social, religión, temperamento, y línea de raciocinio.

Un ejemplo: Si yo soy dominante (análisis de temperamento – Método SOAR), antiguamente conocido como "colérico", me identifico y me conecto en pocos minutos de conversación con otro dominante. La facilidad de relacionarse es grande, y terminamos aproximándonos. Los dominantes piensan parecido, les gustan los resultados, detestan las indecisiones, se preocupan con el estatus y no con el proceso, y son atraídos por las mismas recompensas.

El problema es que un dominante que trabaja con otro del mismo temperamento usualmente genera pesados conflictos, porque los dos quieren liderar, los dos tienen dificultades en obedecer reglas y reglamentos, los dos tienen serias limitaciones para lidiar con el rechazo y la crítica, y ambos adoran los desafíos. Ser amigo es una cosa; hacer negocio y trabajar en equipo es otra.

Cuando el asunto es temperamento, precisamos analizar detalladamente antes de decidir.

Cuando Jesús seleccionó su equipo, los escogió basado en el convivio que antes tuvieron de comenzar su emprendimiento en Israel.

La mayoría de los equipos de trabajo están en "pie de guerra", y desconocen los motivos reales por los que la situación llegó. Generalmente, el error comienza en la formación del equipo. El jefe no analizó el perfil comportamental, el temperamento, el propósito de vida, la visión de futuro, y la motivación de cada miembro seleccionado.

Formar y administrar equipos siempre será un desafío, igual para alguien con una Vida Actualizada, pero ahora con el conocimiento específico adquirido, lo podrá hacer sin sufrimiento. Pero con sacrificio.

Solo elimina los dolores cuando tienes la oportunidad de ver las posibilidades antes de que las cosas ocurran. Quiero decir que un líder necesita crear un escenario mental, y prever el futuro. Cuando algo pasa con su equipo no le afectará, porque su cerebro ya habrá registrado lo que podría pasar. Somos heridos por las sorpresas.

Lidiar con personas es relativamente cruel, porque cada uno vino de un origen, fue criado de una forma, cultura diferente, convivio diferente. Las expectativas son antagónicas. Algunas tienen empatía, otras son laicas emocionalmente.

El ser humano tiene una fuerte tendencia a aislarse cuando no está de acuerdo con algo, o cuando se ofende con alguien.

A veces, el arma de "destrucción en masa" son los chismes, las habladurías, las calumnias. Muchos equipos fueron exterminados por la falta de inteligencia relacional. Muchos salieron lastimados y se perdieron por el camino. Es imposible evitar este escenario, a no ser que aprendamos a seleccionar y formar equipos.

Seleccionar (reclutar), y formar (entrenar)

ACTUALIZACIÓN 11: APRENDE A FORMAR, ENTRENAR Y A RELACIONARTE CON TU EQUIPO.

Las estadísticas comprueban que nadie consigue hacer nada realmente solo.

¿Cómo hacer para que la historia de siempre no se vuelva a repetir?

Hace unos meses atrás participé de una sesión de coaching de liderazgo con Bill Hybels. Bill (de Chicago, Estados Unidos) es uno de los líderes de institución cristiana que más admiro. En esta sesión de coaching para líderes, él abordó la tríada del líder que trabaja en equipo:

Autoconciencia

Inteligencia Emocional

Capacidad de resolver problemas difíciles

Si comprendemos estos tres puntos, y si los aplicamos en nuestras vidas, los avances son inevitables. Les voy a contar ahora lo que pienso al respecto.

Autoconsciencia

Al desarrollar esa habilidad, la autoevaluación, automotivación, autocorrección, automotivación, y el autocontrol vienen juntos. Están todos en grupos. Un líder autoconciente entiende bien sobre sí mismo, y sobre los que caminan con él. Tiene una noción real de sus debilidades y de sus limitaciones. No exorciza sus "demonios" en los demás.

Un líder autoconciente tiene buena percepción de la realidad, de cuándo está imponiendo un yugo sobre sus líderes que ni él mismo podría cargar. Él es equilibrado con sus palabras.

Recuerdo lo que sucedió conmigo.

Yo era CEO de una empresa internacional de turismo. Cuando llegaba a la oficina imponía responsabilidades y deberes en los gerentes y empleados especializados, pero ellos generalmente no cumplían. Eran cosas como aumenten las ventas por teléfono, o pidan disculpas por algún inconveniente que hayan tenido los clientes en los viajes. Un día, cansado de no ver los resultados del equipo, irritado, tomé el teléfono para mostrar cómo se hacía. ¡Y adivinen! ¡No lo logré! Era realmente una tarea difícil.

Cuando yo intentaba vender paquetes por teléfono, la persona quería ver fotos, y mientras le pasaba el *website*, la persona ya preguntaba sobre las cuotas. Al final, ellos terminaban comprando de la concurrencia. Veinte minutos ocupando el teléfono y nada de vender. Me di cuenta que este tipo de venta tiene que ser directa y personal (claro que hay excepciones), pues después de media hora intentando efectuar la venta, de cualquier manera el cliente insistía en ir a la oficina para ver todo personalmente, y quizás comprar el paquete de viaje.

Pedir disculpas por teléfono es la misma cosa. El contacto personal es lo que determina el tono de la conversación. Hoy día intentan solucionarlo por email, pero *WhatsApp*, en mi opinión, es mejor que el correo electrónico a causa de los mensajes de voz.

Los seres continúan siendo humanos, y la tecnología nunca sustituirá el contacto personal.

Después que aprendí haciendo, nunca más cobré a mi equipo por algo que yo mismo no había demostrado primero. Generamos una empatía poderosa en nuestro grupo, nos pusimos uno en el lugar del otro, y los resultados vinieron en el fin de mes.

La característica más fuerte de la autoconsciencia es el autocontrol. Los líderes de hoy obligatoriamente deben ser controlados. Según Daniel Goleman, Ph.D, profesor americano de Harvard, precursor de la Inteligencia Emocional, el autocontrol es una conversación interior contínua. Es el componente de la inteligencia emocional que nos libera de la prisión de nuestros propios sentimientos.

El autocontrol es primordial en el liderazgo actual, porque "Quien no se gobierna a sí mismo no podrá gobernar a nadie". Además de administrar sus sentimientos y emociones, el líder necesita crear un ambiente de confianza. Memorice esto: "ambiente de confianza". Y eso solo se logra con la estabilidad emocional (autocontrol) de un líder.

Lo mejor de todo es que el autocontrol es contagioso. Teniendo un líder sereno, con voz firme, pero tranquila, que mantenga la paz en las situaciones de conflictos, y que no oprima a nadie con sus palabras o gestos, todos seguirán su ejemplo. ¿Será que después de esto alguien del grupo tendría el coraje de hacer algo diferente del líder?

Y si hay un "nerviosito" en el grupo, sera cuestión de días para que sea contagiado por el buen ejemplo. Todo ser humano tiene una necesidad profunda de aceptación, y ciertamente él se encajará en el modelo establecido por la organización para sentirse parte de ella.

Inteligencia Emocional

Hace 20 años atrás, cuando se enseñaba sobre liderazgo, se hablaba de visión, de líder servidor, emprendedorismo, influencia. Hoy el asunto principal es el desarrollo de la inteligencia. Y tratándose de emociones, queda claro que falta especialización en este asunto entre los líderes y sus liderados.

Como cité arriba, Daniel Goleman fue un precursor mundial en el tema. En Brasil, la IE fue difundida, principalmente, por las obras del Dr. Augusto Cury, con quien tuve el privilegio de compartir el escenario en talleres y entrenamientos, tanto en Brasil como en los Emiratos Árabes, Estados Unidos y en Israel.

En estos días, hay personas que hasta llegan a ser productivas y tienen resultados, pero han sido despedidas de sus funciones, porque nadie conseguía convivir con ellas en el ambiente de trabajo. Son autodestructivas, y afectan a otros con su infelicidad.

Recientemente, una joven que participaba de un taller que di en Sao Paulo se me acercó al final de la exposición, y me dijo que era una gran abogada tributaria de la ciudad. Graduada y posgraduada en grandes universidades, trabajó para multinacionales y empresas centenarias. Pero en un periodo de apenas 18 meses, ella pasó por siete empresas diferentes. Nadie quería quedarse con ella.

En nuestra conversación, la joven demostraba estar confundida y asustada por llegar a la conclusión de que alguien con un currículo espectacular y gran capacidad técnica podía ser fácilmente descartada si no tenía inteligencia emocional. En su último empleo, que duró apenas tres meses, ella discutió con el presidente de la compañía porque su orgullo fue herido por un comentario del jefe.

Mas lo contrario también sucede mucho. Líderes despiden buenos funcionarios porque no saben lidiar con contrariedades, críticas constructivas, y con el orgullo. Por eso, llegué a la conclusión que una de las principales características de quien tiene inteligencia emocional es la empatía: el poder de ponerse en el lugar del otro. Cuando aprendí eso, mi vida cambió. Vengo enseñando eso por todo este libro. Es que realmente creo que el asunto es fundamental.

Tomar en cuenta las emociones y sentimientos de los empleados, miembros del equipo, o familiares es obligación de una Vida Actualizada. Cada día la empatía será más y más exigida dentro de las empresas, porque el número de equipos continuará creciendo, y la necesidad de retener talentos será cada vez mayor. De los más de 100 líderes que entrevisté sobre este asunto, 64% ya habían perdido grandes talentos en sus instituciones, por no tener madurez emocional para lidiar con ellos.

Comprender cómo los otros se sienten, aun cuando los errores vinieron de ellos. Entender por qué alguien está siendo agresivo o impaciente. Ver con los ojos del otro. Esa es una fantástica cualidad que necesitamos desarrollar.

Capacidad de resolver problemas difíciles

Repito. Analiza la historia y verás que solo obtiene lugares de gobierno y liderazgo quien resuelve problemas difíciles.

Las personas viven huyendo de los problemas. Ellas no imaginan que las situaciones contrarias y difíciles son las que promueven al ser humano.

Adoro algunas series de TV. Yo, definitivamente, soy un aficionado al cine. Aprendo mucho viendo las grandes producciones de Hollywood. Recientemente, fue mostrada en los cines la película "Éxodo", la historia de Moisés en Egipto. Él tomó la posición de líder de 1,5 millones de hebreos cuando resolvió el gran problema de aquel pueblo que había sido esclavo en aquella tierra.

Al negociar con Faraón y conseguir el "documento de libertad", Moisés recibió el gobierno sobre aquel pueblo.

Quien resuelve problemas gana destaque.

> **QUIEN RESUELVE PROBLEMAS GANA DESTAQUE.**

Piensa ahora en un líder de nuestra época. ¿Por qué Martin Luther King, Jr. fue un gran líder? Porque resolvió algunos de los problemas de los afro-americanos.

¿Mahatma Ghandi? Resolvió problemas de los indios.

Volviendo algunos siglos atrás, tenemos a Martín Lutero.

Una pregunta: ¿Has huido de problemas, o los has resuelto?

¿Qué es motivación?

Particularmente, no me gusta el término motivacional. Conferencista motivacional, libro motivacional y por ahí va. Tengo la impresión que pocos entenderán lo que es motivar. Muchos usan eso apenas como falsa propaganda para atraer a los que están en alguna debilidad temporera.

¿Qué es, realmente, motivar?

Fuimos enseñados que motivar es dar unas "palmaditas en la espalda" seguidas de un "Tú puedes", o por un grito animado de "¡No desistas, tú puedes!".

El mundo cambió. ¡Perdóneme por la insistencia!

Si no nos actualizamos hoy, viviremos el presente con recursos y herramientas del pasado. El futuro siempre estará lejos para nosotros.

Defino la palabra motivar en una frase: "Incluir a alguien en un gran proyecto". Descubrí peregrinando por las calles de esta vida que todos quieren ser parte de un gran proyecto.

Tú, líder actualizado que tiene una Vida Actualizada, no puede motivar a su equipo dando palmaditas en la espalda o usando frases de afecto, y sí incluyendo sus liderados en un proyecto asombroso.

Ten en cuenta la fisiología de alguien que está en medio de algo grande: un evento, un propósito de vida, un sueño, un objetivo específico, una meta increíble. El rostro se transforma, revelando a través de sonrisas constantes, el sentimiento único de pertenecer a algo extraordinario.

Hice una encuesta con líderes de diversos segmentos para obtener informaciones para poder escribir este libro. Una de mis preguntas para estos líderes fue: ¿Cuál es su mayor desafío como líder? El 58% de ellos respondieron que era "formar y gestionar equipos".

Cuando consiguen (después de mucho tiempo y luchas) formar un buen equipo, comienza el segundo y doloroso desafío: gestionarlos y mantenerlos.

Realmente la vida no es fácil. Tú luchas, luchas para llegar a un nuevo nivel, y cuando llegas... allá también encuentras batallas. Eso desanima a cualquiera. Pero aprendí empíricamente que cuando somos parte de algo grande, no sentimos las luchas y dificultades de forma aguda, porque emocionalmente estamos enfocados en el bienestar que alcanzaremos pronto, y en la plenitud que entraremos cuando alcancemos ese gran objetivo.

Ser parte de algo grande indica que sabemos quiénes somos, y para dónde vamos. Como seres emocionales, créanme, nuestras guerras son vencidas o perdidas en el territorio de las emociones.

Entiende los puntos de abajo para que tengan el paso a paso correcto para tu actualización.

Meta - Es un número de conquista temporal. Algo que deseo alcanzar hoy, pero puede ser que mañana tenga otra cosa en mente, y generalmente pasa para objetivos diversos. Meta tiene plazo, tiene prisa. Metas, genéricamente, son los objetivos que serán alcanzados.

Sueño - Es una meta atemporal. El tiempo y las dificultades de la vida no pueden desgastar un sueño. Lo que llamamos "el viaje de los sueños", por ejemplo, no es verdaderamente un sueño; es una meta. Es importante no confundir.

Sueños son intocables y casi intangibles. Ellos son un legado que trasciende hasta usted mismo. Por lo general, no están relacionados con las cosas materiales, pero sí con las conquistas interiores y el beneficio colectivo.

Valores - Son códigos de conducta y principios que independente de la situación, problema o presión en que la persona se encuentre, jamás cambian.

Si alguien dice que "verdad" es un valor suyo, pero frente a una gran oportunidad acepta mentir para tener algún beneficio, entonces definitivamente ese no es un valor para esta persona.

Yo estaba enseñando un curso de formación en Coaching por el *Instituto Destiny* en Río de Janeiro en 2014, cuando un alumno me preguntó sobre mi concepto de valores. Creo que impresioné a la clase al declarar que tengo algunos valores, pero el "NO MATAR" no era uno de ellos. El mismo alumno indagó: "Entonces, ¿usted mataría?".

Sonreí, y le hice pensar en una situación de legítima defensa o la posibilidad de salvar un hijo matando al agresor. Pero no le respondí. Si ante la presión o en situaciones extremas usted tomaría actitudes que jamás tendría en días normales, estas "actitudes" realmente no son un valor para usted.

Expliqué que honestidad, por ejemplo, es un valor para mí. Porque aún delante de gran presión, o de una fuerte amenaza, jamás sería deshonesto.

Eso es valor.

Aprovecha la reflexión, y haz una lista de tus tres principales valores.

_____

_____

_____

_____

Cita dos valores que pensabas que tenías, pero con esta nueva perspectiva presentada, percibiste que cederías ante presión.

_____

_____

_____

_____

En resumen: formar y administrar equipos son algunos de los grandes desafíos de una vida, y de un liderazgo en actualización. Necesitamos reciclarnos constantemente para cumplir semejante responsabilidad.

CAPÍTULO 12

¿QUÉ ES LO QUE REALMENTE QUIERO?

"En cuanto no descubro lo que realmente deseo cuando insisto en algo o alguien, nunca disfrutaré la plenitud de la conquista."

Hacemos muchas cosas con intenciones oscuras. No lleve para el lado negativo. Obscuro usado en esta frase significa la falta de claridad. Tenemos muchos deseos incrustados en un proyecto o misión.

Entramos en este último capítulo de su actualización, e insisto en que nunca estaremos listos para lo que está por venir, si no abandonamos los viejos conceptos, y abrimos nuestra mente para lo nuevo.

Doug Lipp, un ejecutivo americano que ayudó a crear la primera versión de Disney University, dijo en su libro "Academia de Disney" (Ed. Saraiva 2013), que el propio Walt (1900 – 1976) era muy constante en sus pensamientos sobre la actualización. Cierta vez, Disney declaró públicamente: "Mantengan nuestros parques siempre actualizados".

Lo que realmente quería era que las familias de los Estados Unidos y de otras naciones tuvieran sus parques como el objetivo principal para sus vacaciones. Para que eso fuera posible, nada dentro de Disney podía estar desactualizado. El sueño inicial era crear un lugar de descanso y diversión para el gran público, y si todos los años los juegos, temas y personajes fueran los mismos, ¿quién volvería?

La motivación correcta, con la actualización constante, te conduce a una vida abundante.

> **LA MOTIVACIÓN CORRECTA, CON LA ACTUALIZACIÓN CONSTANTE, TE CONDUCE A UNA VIDA ABUNDANTE.**

Samuel Klein, fundador de la red Casas Bahía (la mayor red de muebles y electrodomésticos de Brasil), vendía muebles para casas, pero lo que realmente quería era prestar dinero a interés. Y lo consiguió. Comprar muebles y electrodomésticos a cuotas con interés "a perder de vista" es el gran negocio de la familia Klein.

McDonald´s vende *fast food*, pero el negocio real de ellos son inmuebles. ¿Ya te diste cuenta que ellos están en las esquinas más famosas del mundo?

Cinco años antes de la caída de la cortina de hierro que dividía a Europa oriental bajo el dominio de la extinta Unión Soviética, y occidental bajo el dominio de los Estados Unidos, McDonald's en la Europa Oriental ya tenía un plan comercial para la compra de terrenos estratégicos para las futuras instalaciones de sus franquicias. Imagine cuánto costaba comprar una esquina en Budapest posguerra. ¿Y hoy día? ¡Vale millones!

Tu visión define lo que realmente quieres.

¿Qué es lo que realmente quiero?

No te imaginas la dificultad que las personas tienen para responder a esta pregunta. Es un desafío.

Muchas personas gastan años y años detrás de una mesa de escritorio, trabajando 12 horas por día, para al final de su carrera descubrir que lo que realmente querían era seguridad financiera. Poco importaba cómo iban a conseguir esa seguridad. Lo importante era alcanzarla.

Trabajar 12 horas al día frente a un escritorio era apenas una de sus opciones en el escenario. Pero si se hubiera transformado en inversor en la bolsa de valores, trabajando 3 horas por día en su casa, también habría conquistado el mismo objetivo, por ejemplo.

Hay muchas personas que invierten años de su vida en proyectos desgastantes y hasta suicidas, para descubrir al final de todo que lo que realmente querían era reconocimiento. Hay muchas formas de obtener reconocimiento. Un proyecto "suicida" es apenas una de las opciones.

¿Y tú? ¿Qué es lo que realmente quieres?

Una de las mayores funciones de una Vida Actualizada es mostrar un escenario con varias opciones para sus liderados, y principalmente encontrar el suyo. Así todos pueden alcanzar lo que realmente quieren escogiendo también como llegar.

El proceso es tan importante como el destino. Existen personas que hasta alcanzan la cima, mas cuando llegan allá, notan que están sin un brazo, sin familia, sin sentimientos, sin corazón. Cuando están con la tan soñada conquista en sus manos, ni siquiera consiguen celebrar de tan heridos y desgastados que están.

El destino solo es celebrado cuando el proceso valió la pena. **¡Hazlo valer!**

Hay un secreto en desarrollar y disfrutar del proceso. Cuando defines lo que realmente deseas, necesitas blindarte espiritual y emocionalmente, para enfrentar el camino hasta llegar allá.

> **EL DESTINO SOLO ES CELEBRADO CUANDO EL PROCESO VALIÓ LA PENA. ¡HAZLO VALER!**

Develar tu destino en esta tierra te ayudará a peregrinar por las vías oscuras de la vida. Al final, soportamos mejor el camino cuando sabemos para dónde vamos.

Pregunta enfática

Atiendo a diversos líderes en sesiones de *coaching*. Políticos, líderes religiosos, presidentes de instituciones, empresarios, deportistas y ejecutivos. Llega un momento de la sesión en que es necesario concluir la línea de pensamiento planteada. Entonces surge la pregunta enfática: ¿Qué es lo que realmente quieres?

Parece que escucho un click en la mente del cliente, y la fisiología cambia. Como que instantáneamente, la misma persona que estaba contando proyectos y definiendo objetivos a lo largo de la sesión, transforma el abordaje, y se levanta otro asunto. Por lo general, en este momento, cuando son confrontadas con esa pregunta, las personas comienzan a revelar lo que realmente importa.

Es fantástico como la mente humana funciona. Basta el estímulo correcto para que ella libere todo su potencial.

He hablado insistentemente a largo de este libro que actualizar su liderazgo es una necesidad urgente. Pero para que esta actualización tenga efecto, usted necesita decidir lo que realmente quiere.

> **VICTORIA ES ALCANZAR LO QUE REALMENTE QUEREMOS, Y NO LO QUE PENSÁBAMOS QUE QUERÍAMOS.**

Por ejemplo, cuando actualicé el IOS de mi iPhone de la versión 7.1 para 8.1, lo que realmente quería era bajar dos nuevas aplicaciones que solo eran permitidas en la nueva versión, y actualizar las herramientas de edición de foto de mi Instagram. Al actualizar mi iPhone yo tenía un objetivo definido. Y sabía por qué lo quería.

Al entrar en el proceso de actualización, a veces doloroso, es fundamental tener consciencia de lo que realmente se desea, para poder celebrar la victoria cuando ella llega.

Victoria es alcanzar lo que realmente queremos, y no lo que pensábamos que queríamos.

Estudio del caso

En el 2015, atendí a un ejecutivo que tenía un deseo muy raro. Él quería inconscientemente librarse de la fortuna que construyó. Qué raro, ¿no? La mayoría de las personas luchan día y de noche para hacer fortuna, y él quería deshacerse de ella.

Él pasó toda su vida emprendiendo, porque creía que conquistando éxito profesional y financiero tendría por fin, la paz que tanto soñaba.

Dr. Pedro (nombre ficticio) tuvo una infancia perturbada. Escuchaba constantemente de su padre que nunca sería nada, que nunca conquistaría algo en la vida, que era un imprestable. La psicología ya probó el impacto profundo que hay en un niño cuando escucha y registra palabras negativas que provienen de jerarquías altas como la de los padres, abuelos, profesores, etc.

La vida de Pedro nunca tuvo paz. Dio lo mejor de sí para tener las condiciones de comprarla a lo largo de la vida. Hasta que al conquistar el mundo, descubrió que la paz no estaba a la venta. Ella no es un sentimiento, pero es un estado en que te quedas cuando estás alineado a tu propósito - tu ICP - en la tierra. Si no hay propósito, no hay paz.

El Dr. Pedro tenía todo, menos lo que tanto buscaba. ¡Estaba desalineado! Encontró en las acciones de caridad un alivio pasajero para su alma. Luego, descubrió el juego. Entonces se quedó entre el cielo y el infierno. Parte de su fortuna iba para el bien, y otra para el mal.

Al final, él solo quería librarse, inconscientemente, de aquello que luchó tanto para conquistar. En su fantasía, esa sería la tapa del hueco de su alma, mas, en verdad, nada iría a cambiar. No resolvemos el problema sin acabar con aquello que es la causa.

> **NO RESOLVEMOS EL PROBLEMA SIN ACABAR CON AQUELLO QUE ES LA CAUSA.**

En una de nuestras sesiones, lo miré fijamente a los ojos. Su fisiología inerte revelaba una indiferencia al proceso en el que estábamos. Entonces, golpeé en la mesa, y se asustó. Mirándole con profundidad, le dije en una voz firme: "Pedro, ¿qué es lo que realmente quieres?". Él comenzó a llorar. Con las lágrimas corriendo por su rostro, me miraba con cierta inseguridad y me respondió:

"Quiero la paz que sentía cuando era pequeño, y podía sentarme en las piernas de mi padre". "¿Tu padre todavía vive?", le pregunté. "No", dijo Pedro, completando: "y si estuviera vivo, no cambiaría nada. No nos hablábamos mucho".

Yo quise saber:

"¿Cómo puedes extrañar sentarte en su regazo, si no eran tan cercanos?". El llanto de Pedro aumentaba. Era un llanto de dolor.

"Fueron sus propias palabras, las palabras de él, que me alejaron. Pasé toda mi vida buscando aprobación e intentando probarle lo que había conseguido. Pero a él nunca le importó. Nunca pude encontrar la paz. Jamás podré sentarme en su regazo nuevamente. Él se fue, y nunca celebró conmigo todo lo que conquisté".

Noten que Pedro, a la verdad, no quería librarse de la fortuna, y sí de la frustración de haber conquistado tanto, pero no la atención de su padre. Estaba frustrado porque de alguna manera no fue aceptado ni reconocido por la más alta jerarquía emocional de un hombre, el propio padre.

¿Y usted? ¿Qué es lo que realmente quiere?

Los siete pecados capitales, generalmente, son el fondo principal de lo que realmente queremos.

Muchas guerras, genocidios y conflictos fueron iniciados con una bandera, pero lo que realmente ellos querían era saciar su hambre pecaminosa.

Un ejemplo clásico de eso fue la Inquisición española (1478 -1834). Historiadores actuales defienden que la verdadera intención de la inquisición no era matar judíos o fortalecer el cristianismo, pero sí levantar política y financieramente a España, que vivía una pesadilla como nación.

Con tierras desérticas e improductivas, sin rutas y carreteras fáciles, con un pueblo rebelde y sin liderazgo, España estaba decadente. Mas todo eso podía ser cambiado. Lo que realmente ellos querían según los historiadores, era dinero y poder. Y la única forma de hacer eso era unificando la nación.

El casamiento de Fernando, heredero de Aragón, e Isabel, heredera de Castilla, en 1469, fue el intento de aproximar los reinos que estaban divididos por siglos. Pero la pareja de gobernantes sabía que no habría unidad política y financiera sin la unidad religiosa. Le dieron la bienvenida a la "Santa Inquisición". Lo que hoy es visto como terror fue celebrado y elogiado por los gobernantes europeos de aquella época.

Una Vida Actualizada verifica el plano de fondo de sus decisiones y deseos.

Quiero decir que no podemos gastar nuestra energía y nuestro tiempo en proyectos y objetivos que, en la verdad, alimentan pecados capitales como la lujuria, orgullo, envidia, vanidad o cualquier otro.

Analizando la historia, concluimos que los que promovieron grandes hechos deseando el pecado que estaba detrás de todo, fallaron de tal forma que toda la ciudad y la nación fueron afectadas, y no solo su vida.

Actualizarse es necesario para que podamos trabajar por aquello que realmente queremos, con las motivaciones correctas.

¡Yo te desafío a subir la escalera de la inteligencia!

Serían necesarios 15 mil computadores de última generación conectados en red simultáneamente para poder simular las actividades y las capacidades reales de nuestra corteza cerebral.

Tienes un arma dentro de ti. Una riqueza inigualable.

Cuando trabajas, no recibes sueldo. El contratante apenas te paga un *leasing* por la utilización de un caro y raro equipo, que es tu cerebro, y este comanda tu cuerpo.

El pago varía, porque el valor "alquiler" es calculado a base del peldaño de la escalera de la inteligencia en el cual la persona se encuentra. Quiero decir que somos pagados por el conocimiento que tenemos, por el nivel de nuestro desarrollo personal, psíquico y espiritual.

Usando esta herramienta precisa que es nuestra inteligencia, seremos promovidos por donde pasemos. Ciertamente, seremos capaces de analizar y escoger lo que realmente queremos.

Creo que una Vida Actualizada conoce bien el valor de su mente. Sabe utilizar cada habilidad que ella posee. Es necesario escribir otro libro solamente para abordar el tema *inteligencia*. Amo hablar sobre este asunto.

Entiende que una de las mayores funciones del cerebro es aprender. Nota que es dividido en tres partes:

ENTENDER

APRENDER

GRABAR

Cuando asistes a una clase, taller, seminario, no estás aprendiendo. Y si prestas mucha atención, anota todo lo que se ha dicho, aclara tus dudas durante la exposición, y siente pasión por el tema expuesto (eso ayuda mucho en el proceso de aprender). Entonces podrás entender lo que le fue enseñado. El entendimiento puede ser colectivo. Ya el aprendizaje es individual.

Después que hayas entendido lo que se dijo en la clase, en una conferencia, seminario o en un taller, llega a tu casa y, antes de dormir, estudia por 15 o 20 minutos lo que anotaste. Este es el secreto para "escribirlo en el cerebro".

Cuando dormimos, nuestro cerebro elimina todo lo que no se transformó en aprendizaje. El sistema límbico es apagado, y nos olvidamos fácilmente de lo que entendimos en el día anterior. Pero si estudias en tu casa, entonces aprenderás, y lo que estaba en el sistema límbico se mueve a la corteza cerebral.

El tercer paso es grabar. Lo hacemos a través del sueño reparador, que es el mantenimiento del cerebro. Es el secreto del aprendizaje.

Entonces: entiende las cosas colectivamente, estudia individualmente, y duerme bien todos los días.

Aprender es más profundo que entender.
Pero entender es el primer paso.

Motivaciones

No celebres un elogio hasta que sepas la motivación detrás de esto.

Muchas personas invierten en cosas buenas, pero con motivaciones equivocadas. Otras personas andan con personas equivocadas, pero con las motivaciones correctas.

La motivación es lo que impulsa y direcciona una Vida Actualizada hacia las conquistas.

Definir las motivaciones que están detrás es el desafío.

Cierta vez, fui al cine con mi esposa a ver el estreno de una película sobre la policía brasileña. En una de las escenas, el delegado, que era uno de los personajes de la película, fue invitado a una cena de gala en la ciudad en la que participaba de una operación especial. Él invitó a una policía novata para que lo acompañara en la cena.

Durante el evento, el alcalde de la ciudad subió a la plataforma, y empezó a decir gratos elogios al delegado. Decía que ahora la ciudad estaba segura, y que el excelente trabajo de los policías bajo el comando de tan noble líder estaba siendo admirado por toda la población.

La novata miró al delegado, y con una sonrisa le dijo: "Felicidades, Jefe. ¡Qué honra ser homenajeado así, públicamente!".

El delegado entonces le contradijo: "Si aprendí algo en 30 años de policía es que ese tipo de elogio tiene otras motivaciones escondidas, y que no todo lo que parece, realmente es".

Al final, él estaba correcto. Tanto halago tenía la motivación de llevar al delegado para un esquema de corrupción en la ciudad.

Toda acción tiene una motivación. No se impresione con las acciones, y discierna las motivaciones.

Un líder actualizado necesita tener sensibilidad para entender los motivos reales (aunque no sean explícitos) de cada negocio, relación, conversación y reuniones.

La motivación es el muelle propulsor de las realizaciones.

A veces estamos tan necesitados y frágiles, que un elogio o propuesta nos arrebata a tal punto que no tenemos el tiempo de identificar la motivación detrás de todo esto. A final, nos sentimos tan aceptados con palabras lisonjeras, que nos quedamos anestesiados.

Identifica las motivaciones.

El efecto de la creatividad en la Vida Actualizada

La diferencia entre el don y la virtud es que el don nace contigo. ¡Es un regalo divino! Ya la virtud precisa ser desarrollada.

Siendo así, la creatividad no nace con usted. Es adquirida cuando la pasión por lo nuevo y la voluntad de hacer la diferencia superan el comodismo de ser igual a todo y a todos, a cambio de una recompensa.

Ser creativo es mirar todo lo que el mundo mira, pero mirarlo de una forma diferente, y dar lugar a todas las posibilidades. Es asociar lo obvio de una manera distinta.

Creatividad e inteligencia son atributos diferentes. Pero ambas necesitan ser desarrolladas. Es posible encontrar personas inteligentes, pero poco creativas, y viceversa.

ACTUALIZACIÓN 12 - DEFINE LO QUE REALMENTE QUIERES, Y ANALIZA TUS MOTIVACIONES.

Sin eso, nada tendrá un real objetivo. Cuando definas tu objetivo, sé creativo.

Un consejo: una de las principales búsquedas de una Vida Actualizada debe ser la creatividad. Nunca en su historia alguien se volvió significativo sin ella.

Siempre que haga algo como líder, asegúrese de que "CREAR" sea una de las principales motivaciones.

Creatividad es algo que solo lo encuentra en Dios; el enemigo es copiador. Dios es creativo y creador.

Si no creamos, no construimos un legado. No tenemos respeto con lo que el pionerismo concede.

Precisamos observar patrones que no hayan sido identificados anteriormente para que obtengamos el destaque creativo necesario. El *brainstorming* es una de las mayores fuentes de creatividad que conozco. A un líder-jefe no le gusta esta "tempestad de ideas", porque tendrá que escuchar a otros, dividir opiniones y, a veces, dar el mérito a un miembro del equipo.

Ya el líder actualizado es fanático de las discusiones creativas.

Nada es correcto o errado en reuniones como esa. Todo es idea. Depués, con el análisis, con la crítica del equipo especializado, se llega a la conclusión que se puede aprovechar de todo lo que fue dicho y anotado.

Promueve *brainstorming* semanal en su organización aunque sea de 25 a 30 minutos, con pocos participantes. Que haya un líder que conduzca la sesión, un (a) secretario (a) que tome nota de todas las ideas, y un equipo altamente creativo, alineado y eficaz a la orden.

Para que veas lo que nadie antes vio, vas a necesitar enfocar en lo improbable. Desafiar lo imposible. La fe será su única aliada.

> **PARA QUE VEAS LO QUE NADIE ANTES VIO, VAS A NECESITAR ENFOCAR EN LO IMPROBABLE.**

Nuestra vida es un granito de arena delante del mar de la eternidad. Pero algo relevante que hagamos rendirá comentarios entre las futuras generaciones. Para eso, la creatividad deberá ser tu amiga íntima, tu real motivación de un descubrimiento o conquista. Hacer igual que todo y que todos no introduce tu nombre en la historia.

Benjamin Franklin (1706-1790), diplomático, inventor, abolicionista y uno de los líderes de la Guerra de la Independencia de los Estados Unidos (1776), dijo cierta vez: "El hoy es el pupilo del ayer".

Usa las experiencias del pasado para innovar en el futuro. Aprende con tu derrotas; no te conformes con las victorias. Desea crear.

La psicología comprueba que nuestras motivaciones en vida son influenciadas por la infancia que tuvimos. A veces, te esfuerzas mucho para comprar un coche importado del año, pero en verdad, lo que querías era sacar un dolor, una vergueza unida a algún tipo de menosprecio o privación que sufriste en su infancia.

Solo que el dinero no podrá cumplir el papel de médico del alma. Y aunque gastes todo derrochando en cosas materiales que, aparentemente, te sacarán del dolor del proceso, eso sucederá. Es por eso que los que no conquistan la salud emocional jamás tendrán paz financiera.

Una vez atendí a un joven bien exitoso que quería casarse con su novia, pero estaba viviendo en un periodo de mucha confusión mental. Él me buscó como *coach*, para que a través de las preguntas y ejercicios alcanzara la libertad de las ideas.

Le pregunté el porqué de tanta prisa para el casamiento, y por qué tanta confusión en su mente. Él explicó que le gustaría tener una vida sexual sin culpas, y también librarse de las órdenes opresoras del país.

Presten mucha atención en este caso, amigos lectores. Él quería hacer lo correcto, con las motivaciones equivocadas. Quien escapa de los problemas, crea otros mayores en el futuro. Los problemas fueron hechos para ser enfrentados y resueltos en el mismo día en el que surgen. No se puede emprender en la vida huyendo de las contrariedades.

La motivación para una relación de dos debe ser, conforme a los votos sagrados, construir una vida, tener hijos, cuidar del otro, respetarlo, hacer feliz al OTRO. Y no casarse para ser feliz. Cuando no se es feliz solo, nunca lo será por causa de alguien. La felicidad no depende necesariamente de factores externos.

Analiza tus motivaciones reales en todo lo que estás haciendo hoy. Es importante descubrir lo que realmente te llevó a hacer lo que haces; a actuar como actúas; a soñar lo que sueñas.

Así tomó el control de Alemania, Adolf Hitler (1889-1945), el dictador, divulgando la intención de unificar y fortalecer la nación. Su campaña de mejoría fue masiva, y se volvió popular. Pero su real motivación era sacar de escena a quienes traían incomodidad a su memoria emocional. Eso solo sería posible a través del poder.

Muchos desean el poder para usarlo como amortiguador de sus frustraciones personales. Pero el poder para una Vida Actualizada sirve para servir a los otros.

No importa el estado en el cual te encuentres hoy. Ahora, ya tienes las informaciones que necesita. Y todavía hay tiempo para oprimir el botón de actualizar. Oprímelo ahora mismo.

Recomienza, reinventa, reinicia, ¡actualízate! Mientras hay vida, hay esperanza.

¡Actualización concluida con éxito!

CONCLUSIÓN

Querido lector, actualizarse no es tan fácil como imaginábamos. Descubrimos en este libro la importancia de descubrir el ICP (Idea Central Permanente), o sea, tu propósito en esta tierra.

Aprendimos que si tu visión no está bien definida y tu misión no está clara, el tiempo será tu enemigo, y el futuro nunca llegará. Entonces entiende que:

1- Si no sabes quién eres, nunca tendrás sueños exclusivos, objetivos propios e identidad. Te moverás por las opiniones de los otros, entrarás en oportunidades que no eran p0ara ti, y quedarás emocionalmente afectado todas las veces que te contradigan.

2- Si no tienes un mentor, te perderás por el largo camino de esta actualización. Te quedarás sin consejos, sin instrucciones, difícilmente seguirás decidir correctamente, y no podrás tomar decisiones asertivas.

3- Sin sabiduría no establecerás las conquistas, no mantendrás buenas relaciones, y además, devorarás tus finanzasi. La sabiduría es la herramienta principal en la construcción de esta vida. Paga el precio que sea necesario para obtenerla.

4- Si no aprendes el arte de comunicarte, continuarás transmitiendo mensajes que no querías. Continuarás alejando a las personas estratégicas por causa de tu expresión corporal y no verbal. Además, no sabrás usar las palabras correctas, en los momentos correctos. Eso te hará pensar que es una cosa, pero comunicarás otra a los que te ven y te escuchan.

5- Teniendo las estrategias correctas de mercadeo en el modelo que Jesús usó, seguramente irás más rápido y más lejos. Podrás difundir mejor tu mensaje y utilizarás la forma correcta de ampliar tu ICP; sin autopromoción, pero con claridad en la divulgación.

6- El tiempo es una moneda irreversible. La forma como lo gastas revela lo importante que es para ti. ¡Solamente dirigiéndolo con inteligencia en esta tierra, seremos capaces de avanzar, conquistar y actualizar nuestra vida!

7- Muchos ganan trofeos grandes con sus talentos, pero borran sus nombres de la historia con su comportamiento. ¿De qué lado quieres estar?

Talento + Comportamiento: Legado

8- Una vida sin herramientas es un trabajo sin recursos. Precisamos encontrar las herramientas correctas para construir las decisiones y las elecciones de nuestra existencia.

Busca siempre las mejores herramientas disponibles. Ten acceso ilimitado a todo conocimiento específico que sea posible.

9- Como seres humanos, somos gobernados por nuestras emociones. Si no tenemos excelencia para lidiar con ellas, seremos manipulados por sentimientos, y debilitados por fantasmas mentales. Para una Vida Actualizada, ser portador de Inteligencia Emocional es fundamental.

10- Todo lo que gastes o inviertas fuera de su ICP (de tu propósito) será dinero en bolsa agujereada. Coches, bienes, ropas de marca, viajes... nada te hará más feliz y satisfecho que el sentimiento de estar cumpliendo tu destino en esta tierra.

11- ¿Qué tan lejos podemos llegar sin un equipo?

Identificar y capacitar personas que darían la vida por nuestra ICP es un punto importante para nuestro crecimiento. Estar actualizado en un mundo enigmático y en constantes cambios, nos hace entender que entrenar personas para ayudarnos en las escaladas de la montaña de la vida, es un ítem obligatorio, y no es una opción.

12- ¿Qué es lo que realmente quieres ser?

Detrás de lo que hacemos siempre está lo que realmente queremos. Si no descubres todas tus intenciones y motivaciones reales, continuarás trabajando por aquello que no importa tanto.

Haz la diferencia en la historia de tu vida. Da tu "sangre" por lo que realmente quieres. No busques atajos; no existe camino fácil.

Actualízate, y date la oportunidad de ser completo.

Ahora que estás acualizado, baja todas las "aplicaciones" que te ayudarán, y facilitarán tu vida.

Y no te olvides: ¡En poco tiempo será necesaria una nueva actualización!

Paz y prosperidad

Tiago Brunet

REFERENCIAS BIBLIOGRÁFICAS

1. Yancey, Philip. *¿Para qué Sirve Dios?* 2. Ed. São Paulo: Mundo Cristao, 2010.
2. Cortella, Mario Sergio. *Un desafío necesario.* In: Seminário: Gestão Do Conhecimento (Seminario: Gestiones de Conocimiento). 2016, São Paulo.
3. King, Martin Luther, 1929-1968. *La autobiografía de Martin Luther King.* Organización Clayborne Carson; traducido por Carlos Alberto Medeiros. 1. Ed. Rio de Janeiro: Zahar, 2014.
4. Alimento genéticamente modificado. <https://pt.wikipedia.org/wiki/Alimento_genéticamente_modificado>. Consultado en línea el 22 julio de 2016.
5. Pascal, Blaise. *Pensamientos.* 3. Ed. Mem Martins, Portugal: Publicaciones Europa-América, 1998.
6. Collins, Jim. *Good to Great.* São Paulo: HSM, 2013.
7. Consultado en línea: www. BBBS.ORG. "Who Mentored Martin Luther King Jr?"
8. *La Historia de la Filosofía Occidental - Libro 1: La Filosofía Antigua.* Bertrand Russel. Ed. Nova Fronteira 2015, (versión en portugués).
9. Correa, Cristiane, *Sueño Grande,* 2013.
10. *The Neuroscience of Leadership Coaching* - Patricia Bossons - Patricia Riddel - Denis Sartain. Ed BloomsBury 2015.
11. Piazzi, Pierluigi: *Estimulando la Inteligencia,* Editorial Aleph 2014.
12. *Breve Historia de Francisco Pizarro* - Roberto Barletta - Ed. Nowtilus 2010.
13. *Confesiones de San Agustín.* Ed Saraiva 2012 – (versión en portugués).
14. *Apuntes para el futuro* (versión en portugués)- Palabras de sabiduría. Nelson Mandela - Ed Rocco 2012.
15. *Tenga ahora la vida que usted quiere* - Richard Bandler - Ed. Leya 2010.
16. *Poder Sin Límites* (versión en portugués) - Anthony Robbins Ed. BestSeller 2013.

17. Revista VEJA.COM, 06/25/2014.

18. *Vida Lunga* (Vida Larga, versión en portugués) - Dr Joao Vaz da Silva Junior - Ed. Clube dos Autores (Club de Autores) 2010.

19. *Haga como Steve Jobs* - Carmine Gallo- Ed. Leya 2010.

20. Revista Exame - Ed Abril - Marzo de 2015.

21. *Solo los paranoicos sobreviven* -Andrew S. Grove - Ed. Futura 1996.

22. Revista EXAME, Noviembre 2014.

23. *Mentes Geniales* - Alberto Dell'Isola - Ed. Universo dos Libros 2014.

24. DISC - Libro: *Emociones de las personas normales* - Dr Willian Moulton Marston - Ed. Success for You 2014 / Libro: *Temperamentos Transformados* - Tim LaHaye - Ed.Mundo Cristao 2008. (versiones en portugués)

25. *El expediente de Hitler* - Patrick Delaforce - Ed. Panda Books 2014.

26. *Teoría de la Inteligencia Multifocal* - Augusto Cury - Ed. Cultrix 2001.

27. Stalin - *La corte del Czar Rojo*. Sebag Montefiore - Ed. Companhia das Letras (Compañía de Letras) 2006.

28. *Ansiedad*. Augusto Cury - Ed Saraiva 2013.

29. *Rompiendo los mitos con el dinero* - Roberto Navarro- Ed. Momentum 2015.

30. *Liderazgo Audaz*- Bill Hybels - Ed Vida 2014.

31. *Inteligencia Emocional* - Daniel Goleman, Ph D - Ed Objetiva 2001.

32. *Hitler* - Ian Kershaw - Ed. Companhia das Letras (Compañía de Letras) 2013.

www.ingramcontent.com/pod-product-compliance
Lightning Source LLC
Chambersburg PA
CBHW071002160426
43193CB00012B/1883